SCHMITT 1964

# LES
# CHEMISES
# ROUGES

PAR

## CHARLES MONSELET

auteur de

**La Franc-Maçonnerie des Femmes.**

II

PARIS
L. DE POTTER, LIBRAIRE-ÉDITEUR
RUE FONTAINE MOLIÈRE, 27.

LES

# CHEMISES ROUGES

# NOUVEAUTÉS EN LECTURE

## DANS TOUS LES CABINETS LITTÉRAIRES

**La Louve**, par Paul Féval. 5 vol. in-8.
**Les Chemises Rouges**, par Charles Monselet. 4 vol. in-8.
**La Vieille Fille**, par A. de Gondrecourt. 4 vol. in-8.
**Le Masque d'Acier**, par Théodore Anne, auteur de *la Folle de Savenay*. 4 vol. in-8.
**Le Juif de Gand**, par Constant Guéroult, auteur de *Roquevert l'Arquebusier*. 4 vol. in-8.
**La Princesse Russe**, par Emmanuel Gonzalès. 2 vol. in-8.
**Le Missionnaire**, par Clémence Robert. 5 vol. in-8.
**La Fille Sanglante**, par Charles Rabou. 4 vol. in-8.
**La Belle Provençale**, par le vicomte Ponson du Terrail. 6 v. in-8.
**Dettes de Cœur**, par Auguste Maquet. 2 vol. in-8.
**Le Tigre de Tanger**, par Paul Duplessis, auteur des *Boucaniers*, *Montbars l'Exterminateur*, *le Beau Laurent*, et *Albert Longin*. 5 vol. in-8.
**Le Médecin des Voleurs**, par Henry de Kock. 4 vol. in-8.
**La Cape et l'Épée**, par le vicomte Ponson du Terrail. 5 vol. in-8.
**L'Homme de Minuit**, par Etienne Enault et Louis Judicis. 3 v. in-8.
**La Tour Saint-Jacques**, par Clémence Robert. 4 vol. in-8.
**Les Parvenus**, scènes de la vie Parisienne, par H. de Balzac. 4 v. in-8.
**L'Avocat du Peuple**, par Clémence Robert. 4 vol. in-8.
**Les Frères de la Mort**, par Charles Rabou. 5 vol. in-8.
**Zohra la Morisque**, par O. Féré et D. A. D. St-Yves. 4 vol. in-8.
**La Mignonne du Roi**, par Emmanuel Gonzalès. 3 vol. in-8.
**M. Choublanc à la recherche de sa Femme**, par Charles Paul de Kock. 3 vol. in-8.
**L'Homme de Fer**, par Paul Féval. 5 vol. in-8.
**Les Chevaliers errants**, par O. Féré et D.A.D. St-Yves. 4 vol.
**Une vraie Femme**, par A. de Gondrecourt. 4 vol. in-8.
**La Folie de Savenay**, par Théodore Anne. 3 vol. in-8.
**Le Cabinet noir**, par Charles Rabou. 5 vol. in-8.
**Les deux Reines**, par le vicomte Ponson du Terrail. 4 vol. in-8.
**Les Anges de Paris**, par Clémence Robert. 4 vol. in-8.
**La Vengeance de Marianna**, par Charles Monselet. 3 vol. in-8.
**Les Petits Bourgeois**, scènes de la vie Parisienne, par H. de Balzac. 4 vol. in-8.
**Le Pêcheur de Naples**, par Eugène de Mirecourt. 4 vol. in-8.
**La maison du Baigneur**, par Auguste Maquet. 5 vol. in-8.
**Le capitaine Pillavidas**, par Gabriel Ferry. 3 vol. in-8.
**Fleur des Batailles**, par Paul Féval. 4 vol. in-8.
**La Contessina**, par le vicomte Ponson du Terrail. 5 vol. in-8.
**La Franc-Maçonnerie des Femmes**, par Ch. Monselet. 4 vol.
**Les Mémoires d'un vieux Garçon** (Expiation), par A. de Gondrecourt. 5 vol. in-8.
**Bavolet**, par le vicomte Ponson du Terrail. 3 vol. in-8.
**Le Pouvoir de la Femme**, par Méry. 3 vol. in-8.
**La ville aux Oiseaux**, par Paul Féval. 4 vol. in-8.

Imprimerie de P.-A. BOURDIER et Cie, 30, rue Mazarine.

# LES
# CHEMISES
# ROUGES

PAR

## CHARLES MONSELET

auteur de

**La Franc-Maçonnerie des Femmes.**

II

PARIS

L. DE POTTER, LIBRAIRE-EDITEUR

RUE FONTAINE MOLIÈRE, 27.

Droits de reproduction et de traduction réservés.

# LE CABINET NOIR

PAR

## CHARLES RABOU.

L'histoire d'une institution ténébreuse autour de laquelle l'imagination est autorisée à grouper les combinaisons les plus dramatiques; une fable pleine d'originalité et d'intérêt, qui, s'ouvrant à la mort de Charles I$^{er}$ d'Angleterre et ne se dénouant qu'à la mort de Napoléon, est successivement conduite par l'auteur, en Angleterre, en Allemagne, en France, en Ecosse, en Italie, aux Etats-Unis, à Malte et jusque dans l'île africaine de Madagascar; au milieu de cet horizon vraiment épique, une foule de personnages saisissants, dominés par une grande figure que ne cesse d'entourer une mystérieuse atmosphère; des incidents sans nombre, dont le lecteur suit néanmoins sans fatigue la marche et le développement; de curieux détails sur les sociétés secrètes; en un mot, toutes les émotions que peuvent créer l'histoire, le drame et le roman, réunies dans un cadre où la grandeur ne fait jamais tort à l'unité, tels sont les éléments du livre où le sombre auteur des *Contes Bruns* et de *l'Allée des Veuves* a résumé toute la force d'invention qui caractérise son talent. L'Allemagne, pays où les romans *noirs* ont toujours fait fortune, n'a pas attendu que l'auteur eût achevé son œuvre, et deux traductions paraissant simultanément à Leipzig et à Vienne, avant qu'un journal français eût terminé la publication du livre de M. Charles Rabou, témoignent de la sensation qu'il a produite, même à l'étranger.

---

# L'HOMME DE MINUIT

PAR

## ÉTIENNE ÉNAULT et LOUIS JUDICIS.

Le titre de ce roman révèle tout de suite une pensée de drame émouvant. Il y a là comme un frisson de terreur. Et c'est en effet une histoire poignante qui se déroule à travers les pages marquées de cette empreinte fatale. Il s'agit, ici, d'une existence mystérieuse, exceptionnelle, qui, après s'être déchirée aux plus violentes aspérités de la vie sociale, se roidit avec une énergie indomptable et rend sans pitié le mal pour le mal, tout en inspirant un profond intérêt. Tel est Horace Baltimore, la figure dominante de ce saisissant tableau. Autour de lui, intimement mêlés à l'action, se dessinent des types pleins de force, de grâce ou d'originalité. C'est Mathilde, sa femme, une pauvre fille qui aime les fleurs comme Ophélie. C'est Thérèse, sa fille, un ange de beauté et de dévouement. C'est le comte de Villefleur, un grand seigneur élégant et criminel. Puis viennent Léo de Villefleur, jeune officier plein de droiture, de courage, d'abnégation; Lucienne de Grandpré, âme ardente, orgueilleuse, vindicative; Ismaël Gantz, usurier juif, qui par hasard n'a pas mis tout son cœur dans son coffre-fort, etc., etc. Ces divers personnages donnent lieu à des scènes toujours animées et souvent d'un intérêt palpitant. Ces scènes se développent tantôt au milieu du panorama grandiose des Pyrénées, tantôt au sein de cet inextricable labyrinthe qu'on nomme Paris. La littérature contemporaine n'a rien, à notre avis, de plus saisissant que l'arrestation de Baltimore dans le Cirque de Gavarnie et l'interrogatoire que subit le comte de Villefleur au tribunal secret de l'avenue de Lord Byron, aux Champs-Élysées. L'Homme de Minuit nous semble destiné à un immense succès.

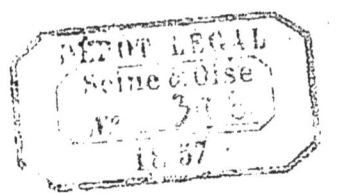

# L'AGONIE DU XVIIIᵉ SIÈCLE.

# CHAPITRE PREMIER.

# I.

L'agonie du XVIII⁰ siècle.

Ainsi donc, voilà notre roman posé. D'un côté le fils de Jean-Jacques Rousseau, de l'autre la fille du duc de Noyal-Treffléan, deux enfants abandounés que nous allons suivre dans la vie, à travers les évènements fastueux, horribles ou sanglants d'une ère sans égale. Pour user d'un privilége commun à tous les romanciers, nous commencerons d'abord par enjamber seize ou dix-sept années. Ce premier livre n'était qu'un prologue. Maintenant nos héros sont grandis, et Jean-Jacques n'existe plus.

Un des originaux les plus fameux et les plus oubliés du dix-huitième siècle, l'avocat Grimod de la Reynière, donnait ce soir-là un de ces soupers étranges et merveilleux avec lesquels il remuait toute la société de Paris.

C'était le petit-fils d'un charcutier, dont il aimait à tirer honneur lorsqu'il se trouvait au milieu de gens de cour, et qu'il rappelait en mainte occasion, par une sorte d'orgueil retourné. Un des appartements de Grimod de la Reynière était orné de tous les attributs de la charcuterie ; au milieu des panneaux dorés, un artiste habile avait brodé des assiettes de boudin en relief. Les dessus de porte représentaient des hures peintes en camaïeu.

Il était riche, mais il méprisait sa richesse. Malgré les instances de sa famille, il n'avait jamais voulu être autre chose qu'avocat, homme de lettres et gourmand. Son nom de baptême était Balthazar. Il aimait l'indépendance par-dessus tout ; et ses déblatérations incongrues contre les grands, qu'il invitait à ses repas, n'ont pas peu concouru à sa réputation exceptionnelle.

Au physique, Grimod de la Reynière était d'assez haute taille, bien fait et d'une figure agréable. Par malheur, il avait un défaut de conformation aux mains, qui l'obligeait à se servir de doigts artificiels, toujours recouverts de gants.

Ce qui ne l'empêchait pas d'être un

homme infiniment empressé auprès des femmes, surtout vis-à-vis des actrices qu'il adora jusqu'à la fin de ses jours, et dont il posséda les plus belles.

Comme littérateur, il avait du goût, de l'érudition, et surtout une philosophie d'une franchise piquante.

Il était très-personnel dans ses ouvrages, mérite qui les a vite rendus rares, et qui les fait rechercher aujourd'hui.

Et puis, enfin, c'était un écrivain de bonne humeur, et de ceux-là on en comptait alors si peu!

Néanmoins c'est plutôt *gourmand* que Grimod de la Reynière mérite de laisser un nom après lui.

Sa supériorité à table était réelle et incontestée.

Pour lui la table était un trône.

Il s'est fait représenter plusieurs fois dans une vaste bibliothèque, sur les tablettes de laquelle on aperçoit, au lieu de livres, une multitude de provisions alimentaires, tels que pâtés et cervelas de diverses sortes, légumes au vinaigre, lièvres, outardes, bartavelle, des pains de sucre et des flacons de liqueurs fines.

Du milieu du plafond pend, en guise de lanterne, un monstrueux jambon de Bayonne.

On l'appelait généralement Grimod, l'avocat, pour le distinguer de Grimod, *sangsue du peuple*, son père, qui était fermier général, et qui, par un contraste plaisant, était réputé pour sa sobriété excessive.

Grimod, l'avocat, s'était surnommé lui-même un cynique de bonne compagnie.

Il avait coutume de dire, et c'est un de ses plus jolis mots :

« Je voudrais qu'il fût d'usage d'appeler un bon auteur *Votre Excellence*, et la plupart des grands *Votre Impertinence*. »

En conséquence de ses principes, il n'allait nulle part, si ce n'est dans les coulisses et à la Boucherie ; mais on allait chez lui, ce qui revenait exactement au même.

On n'en finirait pas à raconter toutes ses étrangetés.

Malgré sa puissante fortune, il faisait un petit commerce de différents objets qu'il vendait lui-même à ses amis.

S'il les reconduisait dans son carosse, il exigeait d'eux le prix qu'on eût donné à un fiacre, appliquant ensuite ces profits à des œuvres de charité.

Il apportait d'ailleurs beaucoup de noblesse et d'humanité dans ses fonctions d'avocat ; il ne se chargeait que de la cause des malheureux et affectait spécialement de prendre celle des gens opprimés par les fermiers généraux.

A l'époque où nous parlons, c'est-à-dire vers la fin de l'année 178..., Grimod de la Reynière n'avait pas trente ans.

C'était un homme toujours mis avec une certaine recherche et d'une politesse qui dégénérait souvent en ironie, lorsqu'elle s'exerçait vis-à-vis des grands seigneurs.

Rencontrait-il chez son père un cordon rouge ou bleu, aussitôt on le voyait se courber jusqu'à terre, reculer et donner tous les signes de l'humilité la plus extrême, comme pour témoigner de son infime extraction.

En revanche, il donnait aux savants et aux littérateurs des déjeuners philosophiques qui se prolongeaient rigoureusement jusqu'au soir, et pendant lesquels se succédaient, aux yeux des convives, des spectacles de tout genre : tantôt des essais de phosphore ou des expériences d'électricité par l'Italien Catanio ; d'autres fois, une représentation d'ombres chinoises exécutées supérieurement.

Seulement, il avait la manie d'exiger de ses invités qu'ils prissent chacun une dose de vingt-deux petites tasses de café ; son unique concession était de permettre aux personnes délicates de s'en tenir à la petite dose composée rien que de dix-huit tasses.

On se servait soi-même, à l'aide de deux robinets adaptés au mur du salon, et qui représentaient, l'un la figure d'Appollon, (c'était la grande dose,) et l'autre la figure de Marsyas.

Ces déjeuners philosophiques étaient fort courus, en dépit ou à cause de leur singularité; on y rencontrait les frères Trudaine, M. de Fontanes tout jeune, Mairobert, Crébillon fils, de même que plusieurs acteurs estimables et de talent : Larive, Saint-Prix et le monumentale Dessessarts, gourmend-né.

L'exaltation de Grimod de la Reynière, en matière de gastronomie, était des plus plaisantes et surtout des mieux convaincues.

Voici ce qu'il écrivait dans un moment d'inspiration, l'appétit l'emportant sur la galanterie: « J'ai toujours regardé les plaisirs que procure la bonne chère comme les premiers plaisirs de l'esprit et des sens.

On conviendra d'abord que c'est la

jouissance qu'on goûte le plus tôt et qu'on peut multiplier le plus souvent.

Qui pourrait en dire autant des autres? Est-il une femme, tant jolie qu'on la suppose, qui puisse valoir ces admirables perdrix rouges du Languedoc et des Cévennes, ces langues fourrées de Troyes, ces mortadelles de Lyon, ce fromage d'Italie? Peut-on mettre un petit minois bien grimacier et bien fardé à côté de ces admirables moutons de Ganges qui fondent sous la dent, de ces délectables veaux de Pontoise et de Rouen, dont la blancheur et la tendreté feraient honte aux Grâces elles-mêmes? Qui oserait préférer une beauté maigre et chétive à ces aloyaux énormes et succulents, qui inondent celui qui les dépèce et qui ravissent ceux qui les mangent? Quelle comparaison peut-on faire entre une figure piquante et chiffonnée et ces poulardes de Bresse, ces coqs vierges du pays de Caux dont la finesse, l'embompoint et la beauté délectent les houppes nerveuses d'un palais délicat?... »

L'hôtel de Grimod de la Reynière était situé et est situé encore dans la rue des Champs-Elysées, faisant angle sur la place Louis XV.

C'est un monument somptueux, monument de fermier général, riche et commode, bâti en belle pierre, et qui est occupé aujourd'hui par la légation ottomane, après l'avoir été précédemment par l'ambassade de Russie.

L'hôtel de la Reynière, comme il est encore désigné par les vieux concierges du quartier, n'a que deux étages, mais vastes et espacés à l'aise; c'est un édifice carré, entouré d'arbres plus que centenaires et que ceint de toutes parts un mur élevé.

Ce jour-là, c'était un jour du mois de

septembre, l'hôtel avait été illuminé du haut en bas dès l'approche du soir.

Grimod, l'avocat, qu'on appelait aussi le jeune M. de la Reynière, profitait d'une absence de sa famille pour se livrer à sa fantaisie accoutumée.

Il était à Paris.

Toutes sortes de gens avaient été invités à ce souper, pour lequel notre original avait promis de se surpasser lui-même : des artistes, des dames de la cour, des marquis, des comédiens, des apothicaires et des garçons tailleurs.

Les lettres d'invitations contenaient une phrase ainsi conçue :

« Du côté de l'huile et du cochon, j'ai lieu de croire qu'il n'y aura rien à désirer. »

En vérité, il fallait être bien intrépide et bien curieux pour aller souper chez Grimod de la Reynière.

On y allait, cependant.

Cela amusait ce siècle profondément lassé, qui voyait revivre en lui le marquis de Brunoy, fou sensible et pieux, qui faisait peindre en noir les feuilles de ses arbres et jeter des fioles d'encre dans son étang, afin que tout chez lui portât le deuil de sa famille.

Les inventions de Grimod étaient d'une nature souvent analogue; il se plaisait à mélanger l'enjouement et la terreur, le luxe et le mystère.

Louis XVI fit, dit-on, encadrer un de ses billets d'invitation, conçu dans la forme des billets d'enterrement, et qui portait, au lieu de têtes de mort, un entourage de gueules béantes.

Mais le souper de ce soir devait laisser bien derrière lui les précédentes excentricités.

On en avait parlé huit jours à l'avance, on en devait parler huit mois après.

Voici le détail authentique et minutieux des formalités premières par lesquelles il fallait passer.

D'abord, un suisse chamarré d'or, au large beaudrier, arrêtait chaque convive sur le seuil de la porte pour lui demander s'il allait chez M. de la Reynière, l'oppresseur du peuple ou chez M. de la Reynière, le défenseur du peuple.

Naturellement on répondait qu'on allait chez le défenseur du peuple ; alors le suisse faisait une corne au billet d'invitation (dont on était formellement prié de se munir) et l'on passait dans une pièce de corps de garde où se tenaient rassemblés des hommes vêtus à l'antique.

Ceux-ci vous introduisaient dans une première pièce où l'on voyait un inconnu, le casque en tête, la visière baissée, couvert d'une cuirasse, une manière de frère terrible, qui faisait une seconde corne à votre billet et vous ouvrait les battants d'une autre salle.

Là se présentait un homme en robe noire, en bonnet carré ; il demandait au convive ce qu'il voulait ; il le questionnait sur son nom, ses qualités et sa demeure ; il dressait de tout procès-verbal, et, après avoir pris son billet, il l'annonçait enfin dans la salle de réunion.

Dès son entrée, le convive se trouvait en face avec quatre petits enfants de chœur tout mignons, la tête couverte d'une calotte rouge, les bas rouges, le surplis de dentelles, comme aux grandes fêtes de l'église. Ils commençaient par l'encenser avec leurs encensoirs d'argent.

C'est alors que Grimod de la Reynière arrivait à lui les bras ouverts et l'embrassait fraternellement. Puis, s'il remarquait sur sa physionomie la surprise causée par les enfants de chœur :

— Mon père et ma mère, disait-il, ont l'habitude d'inviter toujours à leur table trois ou quatre flatteurs chargés spécialement de les encenser, eux et leurs connaissances. Ma foi ! j'ai trouvé plus simple de me procurer ces petits bonshommes qui s'acquittent aussi bien de cet emploi. Voyez plutôt !

Se tournant vers eux, il leur disait :

— Encensez monsieur !...

Les enfants encensaient gravement jusqu'à ce que le nouveau venu disparût dans un nuage et criât qu'il en avait assez.

Après quoi, Grimod de la Reynière le prenait sous le bras et le présentait à la compagnie.

Les convives, hommes et femmes, étaient au nombre de quarante environ ; ils causaient, debout au milieu de la chambre ou assis sur des canapés adossés à la tapisserie du mur.

Nous ne mentionnerons que les plus connus, ceux qui méritent les honneurs d'une silhouette.

Honteux et stupides, quelques hommes de rien cherchaient à se dérober dans les angles ou contre les rideaux des fenêtres donnant sur le jardin. C'étaient, comme je l'ai dit, des gens sans épée, des artisans, de petits bourgeois ; on disait même qu'il y avait un perruquier.

Il faut citer d'abord, avant tous et le premier par la réputation, ce personnage alerte, souple, et dont la tête un peu petite et si spirituellement dressée sur ses épaules, l'œil toujours en éveil, la bouche toujours sur ses gardes, comme quelqu'un qui n'a autre chose à faire qu'à se défendre et qu'à attaquer, dont l'expression de visage hardie va jusqu'à l'impertinence, mais ne s'élève jamais jusqu'à la fierté, celui que plusieurs de nos lecteurs ont déjà nommé par son nom de Beaumarchais. L'ex-maître à chanter des filles de Louis XV se rengorgeait et faisait le paon chez Grimod de la Reynière, qu'il avait l'habitude de décrier, une fois dehors.

Sur un fauteuil, environnée de cinq ou six personnes, on remarquait madame la comtesse Fanny de Beauharnais, une assez belle personne, pleine d'amabilité, qui commençait à devenir une femme de lettres, une Sapho, comme on disait alors de toutes les femmes auteurs. Elle faisait déjà cercle, ; il est vrai qu'elle savait trouver de plus spirituelles choses au bout de ses lèvres qu'au bout de sa plume. Au nombre de ses courtisans, s'empressaient M. le marquis de la Grange, le jeune prince de Gonzague, et surtout un homme au regard perçant, au nez pointu, qui souriait d'une drôle de façon, écoutant sans cesse, ne disant rien, et qui s'appelait Jacques Cazotte.

— Voyons, M. de la Grange, disait la comtesse de Beauharnais; vous qui êtes de la cour, vous allez nous donner des lumières sur bien des faits. Il s'agissait hier des Mémoires du duc de Richelieu.

— Sont-ils vrais?

— Oui et non, répondit le marquis; ne

croyez rien de sa tapissière, pas plus que d'autres traits semblables; ce sont des romans qu'il a fait faire pour jeter quelque intérêt sur la nullité de sa vie...

Rivarol était venu avec ses deux sœurs, qu'il avait tout récemment appelées auprès de lui à Paris, au grand déplaisir de sa femme. On sait que le ménage de Rivarol était un enfer. Ce fut là sans doute ce qui le conduisit à traduire le Dante, bien qu'au premier aspect l'union de ces deux talents puisse sembler impossible. Quoi qu'il en soit ce Rivarol, un des hommes les plus brillants de la décadence française, était vêtu comme un prince, dont il avait d'ailleurs la mine et le maintien, malgré qu'il ne fût que le fils très-obscur d'un cabaretier. Il portait avec aisance un vaste habit bleu de ciel, galonné très-large et enrichi d'une multitude de boutons et de boutonnières de clinquant d'argent ; la veste était d'un beau basin, avec des bouquets brochés et ornée d'une longue frange à graines d'épinards. Il n'y avait guère en ce moment à Paris que deux hommes capables de lutter de science élégante avec M. de Rivarol : c'étaient le comte d'Artois et Molé le comédien. Le bas de soie accusait une jambe de cour, et sa chevelure poudré avec un art spécial étincelait aux lueurs des bougies.

Un gros homme, en perruque à boucles épaisses, était assis non loin de madame la comtesse de Beauharnais. C'était Sébastien Mercier, l'auteur du *Tableau de Paris*. Il s'agitait bruyamment sur sa chaise et prodiguait à l'unisson la voix et les gestes. Son élocution ressemblait à son style : c'étaient la même clarté dans la même énergie, la même rapidité d'appréciation, les mêmes arêtes dans la période. Il prenait grand souci des intelligences obscures ou sommeillantes, mais il était sans pitié pour les esprits vulgaires dont la petite science a été puisée aux abreuvoirs communs. On avait cru le flétrir en disant de ses ouvrages qu'ils étaient « pensés dans la rue et écrits sur la borne. » Il n'en portait la tête que plus haute, car il était fier avec raison ; et par ses drames populaires et robustes, tels que *la Brouette du vinaigrier*, il tranchait vigoureusement sur les écrivains affadis de l'école encyclopédique, décapitée alors de ses chefs les plus illustres.

Parmi les voisins de Mercier, celui qui paraissait le plus offusqué, c'était M. Pons (de Verdun), un petit farceur médiocre, qui a inondé les Almanachs de ses épigrammes sans esprit et de ses contes sans nouveauté, propres tout au plus à tapisser le fond des bonbonnières. Mais qui s'inquiétait de M. Pons et qui faisait attention à M. Pons, sinon M. Pons lui-même?...

J'aime mieux arrêter mes regards sur cet homme brun de visage, grand de stature, qui regarde tout le monde hardiment, qui montre un diamant superbe à son jabot, de fortes bagues à ses doigts, qui est vêtu de velours cramoisi, et dont la poitrine majestueuse saillit comme celle d'un géant. Au moins celui-là est taillé dans une large étoffe ; il est joyeux et à l'aise : c'est Casanova, un intrigant solide, un vaste chevalier d'industrie, Casanova de Seingalt, qui a touché à tous les rivages de l'Europe, amoureux, fripon, écrivain, prisonnier d'Etat, courtisan, banquier de jeux, espion, secrétaire, qui a été tout ce qu'on n'est pas !

Qui y avait-il encore à ce festin funèbre et goguenard, donné par Grimod de la Reynière ? Il y avait un poëte terrible, qui s'appelait Robbé dans les écuries et dans les greniers où il couchait, et M. Robbé de Beauveset dans les salons sans pudeur où il était admis. Le prince de Conti, et c'est là une de ces actions qui honorent le plus un homme, avait acheté vingt mille francs la non-publication de ses ouvrages érotiques et antichrétiens. Robbé avait le malheur de posséder du talent, et on le priait quelquefois, vers la fin des orgies, de réciter son Origénisme, poëme rocailleux, mais énergique, qui continuait la tradition des poètes du seizième siècle. En déclamant, il avait la figure et les gestes d'un convulsionnaire, ses yeux roulaient dans leur orbite, une légère écume mouillait ses lèvres, sa voix s'enflait, et les auditeurs s'entre-regardaient presque épouvantés.

Il y avait enfin le vieillard Goldoni, encore leste pour son âge ; Flins des Oliviers et le censeur Coquelei de Chaussepierre.

Parmi les hommes de la noblesse, le comte de Piles, le chevalier de Castellane, le marquis de Marnesia et le vicomte de Toustain-Richebourg.

Les femmes étaient représentées, outre madame de Beauharnais et les sœurs de Rivarol, par la comtesse de Laval, par la belle marquise de Montalembert et par une troisième, plus belle encore, qui n'était connue de personne, et que Grimod de la Reynière avait présentée sous le nom de madame la marquise de Perverie.

Ces trois dames luttaient entre elles de fierté et d'élégance ; elles s'étaient réunies par instinct ; de loin on les eût prises pour trois châsses dorées, tant elles s'étaient posées majestueusement.

De temps en temps, une d'elles se penchait vers l'autre, et les frissons soyeux qu'elle imprimait à sa robe courait par toute la salle.

C'était le vent étoffé, inconnu des anciens.

D'autres fois, de leurs trois éventails ouverts ensemble comme trois arcs-en-ciel, elles voilaient et dévoilaient harmonieusement leur visage encadré de dentelles et de perles.

Les trois Grâces mises à la mode du dix-huitième siècle n'eussent pas eu d'autre aspect, ne se fussent pas vues entourées d'un plus glorieux resplendissement.

C'était surtout la marquise de Perverie que l'on regardait davantage.

Il était difficile en effet d'être plus belle

que cette personne, et d'avoir en même temps cet éclat reposé que donne une patiente habitude du monde, et auquel les natures privilégiées arrivent seules avant trente ans.

Qui était-elle et d'où venait-elle? Pourquoi ne l'avait-on pas vue jusqu'à présent, ou, si on l'avait vue, pourquoi ne l'avait-on pas remarquée? Jamais, de mémoire de courtisan, une femme n'avait mis pour la première fois les deux pieds dans le monde de Paris avec autant de certitude et de charme supérieur.

Elle imposait considérablement par le

regard et par le maintien, et ce pouvait passer pour un miracle au milieu de cette société composée des gens les plus spirituels et les plus dépravés du royaume, d'autant moins disposés à se laisser étonner qu'ils étonnaient eux-mêmes.

Où avait-elle pris cette témérité heureuse, cette douceur grave, enfin cette science aimable et exacte, qui fait qu'une femme n'est jamais tant chez elle que lorsqu'elle est chez les autres?

Son costume caractéristique et de la plus réjouissante fantaisie, mérite d'être dépeint depuis la chemise, qui était en

belle toile batave, bordée de mousseline
de Picardie, jusqu'aux souliers en glacé
d'argent.

Par dessus un jupon de satin blanc,
elle portait un fourreau herminé, à bordures
roses, avec les petits crochets en
diamants et la ceinture en émeraudes.

Le fichu était de gaze à étoiles d'or sur
une respectueuse de Malines ; le mince
tablier, de taffetas rose fleuragé en
perles.

Son chignon était demi-flottant; elle
avait sur son joli bonnet de dentelles à

plis imperceptibles un chapeau de mariage avec des pierreries imitant des fleurs.

Ses bas de soie montraient leurs coins, et sur chacune de ses mules mignonnes s'étalaient un bouquet de brillants : un cordonnet d'or bordait le bout du talon.

Ainsi parée, elle luttait d'un côté avec la violence et l'extravagance des déguisements d'Opéra ; de l'autre, avec la somptuosité des toilettes de la cour.

Au moment où l'on allait se mettre à table, un bruit assez vif se fit entendre dans l'antichambre; on eût dit quelqu'un se disputant avec les valets.

Comme Grimod de la Reynière se dirigeait vers la porte d'entrée, afin d'apprendre la cause de cette rumeur, une femme parut sur le seuil, une fort belle femme.

— Madame de Rivarol! s'écrièrent quelques personnes.

A ce nom redouté, le spirituel écrivain pâlit imperceptiblement et froissa la dentelle de ses manchettes.

Ses deux sœurs cherchaient partout un endroit pour se cacher.

— Madame... fit Grimod en saluant.

— Je ne suis pas invitée, dit-elle avec l'accent anglais, et je ne demande pas à l'être... Je connais les influences auxquelles vous cédez... Depuis que mes belles-sœurs sont ici, elles ont porté le trouble dans ma maison. Mon mari m'a quittée et m'a enlevé mon fils...

— Pardonnez-moi, madame, de vous interrompre, dit Grimod de la Reynière après un second salut ironique ; mais si c'est une consultation que vous venez chercher auprès de moi, je vous préviens que je n'en donne pas aux heures du souper. Aujourd'hui l'avocat cède le pas à l'amphitryon.

Rivarol avait tourné le dos à sa femme et commencé une conversation avec M. Casanova.

— Mais cependant... continua-t-elle.

Grimod de la Reynière saisit un cor d'ivoire qui était appendu à la tapisserie, et il en tira un son dolent et prolongé.

Trois hommes vêtus de noir apparurent.

— Bourguignon, la Jeunesse, Robert! prononça-t-il, emparez-vous de madame, et transportez-la dans la chambre des douleurs.

Immédiatement madame de Rivarol fut enlevée, malgré ses cris, et enmenée hors de la salle du festin,

On était tellemment habitué à ses escapades, que cet incident et l'ordre qui le termina ne surprirent personne.

Grimod de la Reynière s'avança toutefois vers Rivarol, comme pour s'éxcuser de la liberté qu'il avait prise, mais celui-ci fit la moitié du chemin et lui frappa sur l'épaule en souriant d'approbation.

Alors l'heure du souper sonna.

Une musique invisible se fit entendre dans le lointain et contribua à donner une teinte hantement aux scènes qui allaie ouler.

Grimod invita l'assemblée à passer dans la salle du festin; lui-même se dirigea vers la belle marquise de Perverie à laquelle il offrit sa main, précédant le cortége de ses quarante convives.

— Où diable ce coquin de la Reynière a-t-il été dénicher cette belle inconnue? demandait Beaumarchais à l'oreille de Cazotte.

— Il paraît que c'est une jeune veuve de province, répondait celui-ci ; son mari était un ours septuagénaire qu'on a trouvé gelé, un matin, dans sa gentilhommerie. Alors la marquise a tiré le verrou sur ses domaines, et voilà qu'elle est à Paris.

— Qui vous a raconté cela, Cazotte?

— Personne...

On traversait une pièce entièrement obscure.

Beaumarchais garda le silence.

Tout à coup une toile de théâtre se leva rapidement et laissa voir la salle à manger.

Ce ne fut qu'un cri d'admiration.

Les convives se crurent un instant

transportés au pays du soleil, tant l'éclairage était exagéré et splendide.

Un lustre de théâtre pendait au-dessus de la table; ses cristaux, taillés en fleurs de lis, lançaient des feux changeants, sans cesse remués.

En outre, il y avait trois cent soixante-cinq bougies en l'honneur des trois cent soixante-cinq jours de l'an; c'était d'un aspect féerique.

Une galerie supérieure faisait le tour de la salle; elle était indiquée par un cordon de feu qui se détachait, vivace, sur des draperies riches et sombres.

La table était ronde, symbole de l'égalité, et ornée d'une multitude de fleurs embaumantes, qui reposaient dans de magnifiques vases de porcelaine de Sèvres.

Au milieu, par une antithèse de l'espèce la plus choquante, s'élevait en guise de surtout un catafalque en velours, parsemé de petites larmes d'argent clignotantes et de petits os disposés en quinconces.

Cette déplorable et brillante parodie donna le frisson à quelques-uns ; mais comme on s'attendait généralement à des choses extraordinaires, on ne s'en étonna pas plus qu'il ne fallait.

Lorsque tout le monde se fut assis, on reconnut qu'il y avait une place vide.

Instinctivement les regards se tournèrent de ce côté.

Grimod de la Reynière s'en aperçut et satisfit la curiosité unanime par ces paroles :

— M. le duc de Noyal-Treffléan nous excusera de ne point l'avoir attendu.

Il aura fallu, sans doute, des causes majeures pour motiver son absence.

C'est la première fois qu'il manque un de mes soupers.

— Attendez donc, s'écria le marquis de Marnesia ; mais voilà plus d'une semaine, en effet, que l'on n'a vu le duc de Noyal-Treffléan.

— C'est inconcevable de la part d'un homme si fort à la mode, ajouta la comtesse de Laval.

— Il faut, comme dit notre hôte, qu'il lui soit arrivé quelque chose d'imprévu, de bouleversant, de peu commun, murmura le poète Robbé.

— Ze crois plutôt, dit Goldoni, qu'il se cace exprès pour faire parler de loui.

— Non, dit tranquillement une voix ; M. le duc de Noyal-Treflléan sera ici dans une heure.

C'était Cazotte qui venait de parler.

— Comment le savez-vous ? demanda Grimod de la Reynière en riant.

— J'en suis certain.

L'entrée du premier service détourna immédiatement l'attention de ces paroles mystérieuses, et l'on cessa de s'occuper de la place vide.

Le nouveau spectacle qui s'offrit aux yeux éblouis des conviés était d'ailleurs de nature à les absorbser complétement...

Mais avant de continuer cette relation, je demanderai la permission de retrograder quelque peu, afin de voir ce qui avait pu empêcher le duc de Noyal Treffléan de se rendre plus tôt au souper fantasque de Bathasar Grimod de la Reynière.

# CHAPITRE DEUXIEME.

II.

L'agonie du XVIII<sup>e</sup> siècle. *(Suite)*.

A l'heure douce du crépuscule, un fiacre antique et lent, avec de belles roues toutes rouges, remontait la rue Saint-Victor, que Santeuil et l'épicier empoisonneur Desrues ont successivement rendue célèbre. Il était traîné par deux bêtes placides, sur lesquelles un cocher somnolent laissait pendre les rênes avec mélancolie. Des planches tenaient lieu de glaces et étaient haussées.

Ce fiacre, que la population pauvre regardait avec surprise, dépassa tour à tour la rue du Paon, la rue du Chardonneret, la rue du Mûrier, et toutes ces petites rues horribles qui ont des noms pleins de coquetterie. On eût dit qu'il promenait un malade, tant il y avait de calme réfléchi dans son allure provinciale.

Arrivé à la hauteur du cabaret du *Verre galant*, qui existe encore aujourd'hui, et qui fait le coin de la rue Saint-Victor et de la place Maubert, le cocher leva la tête et jeta les yeux autour de lui.

Il arrêta ses chevaux et quitta son siége à franges avec précaution.

Le crépuscule commençait à ressembler à la nuit.

Ouvrant la portière, il prononça ce seul mot :

— Descendez.

Sans doute la personne à qui il s'adressait ne l'entendit pas ou ne voulut pas l'entendre, car il répéta son injonction.

Même silence.

Alors le cocher, s'appuyant sur le marchepied, avança les deux bras et saisit, dans le fond de la voiture où elle était tapie, une jeune fille qu'il enleva comme une plume et qu'il déposa sur le pavé, plus morte que vive.

Il referma la portière.

C'était une enfant de seize ans, blonde comme notre mère Ève, mais habillée d'une robe misérable et faite avec une de ces étoffes de couleur navrante qui ne se rencontrent que dans les maisons de charité.

Comment elle s'arrangeait pour être jolie là-dessous, c'est le secret de la jeunesse.

Elle était d'abord demeurée immobile et muette; mais en voyant le cocher qui remontait sur son siège :

— Où suis-je? demanda-t-elle timidement.

— Place Maubert...

— Place Maubert... Pourquoi m'avoir amenée ici ?

Le cocher prit ses brides.

— Je ne sais où aller, ne m'abandonnez pas dit-elle avec une expression de terreur.

Le cocher fouetta ses chevaux.

— Monsieur de grâce!.., s'ecria la jeune fille en joignant les mains.

Le cocher partit.

Elle resta seule devant le cabaret, comme une statue brune, n'osant bouger ses deux pieds charmants et regardant passer le monde d'un air craintif. Ce que se disait ou ce qui se chantait dans l'intérieur du Verre galant n'arrivait pas à ses oreilles. Elle écoutait machinalement le bruit monotone des reverbères descendus et remontés par les allumeurs.

La place Maubert avait comme aujourd'hui cet aspect rebutant et sinistre qui s'attache toujours aux endroits habités par la misère vicieuse. C'était cependant le quartier où se trouvaient le plus de couvents : les Carmes Déchaux, les Filles Bleues, les Bernardins, les Prémontrés, sans compter les colléges et les séminaires.

Le reste était occupé par des marchands de vin ; ensuite venait cette population indescriptible de chiffonniers, de tondeurs de chiens, de matelassiers, de rempailleurs, de regrattiers et de crieuses de fruits, écume bruyante de Paris. Sur le devant de quelques portes basses se tenaient des vieillards de quarante ans, hébétés de débauche et dont l'alcool avait rendu tous les membres tremblants.

Ce qui se fait, ce qui s'agite au fond de ces masures épouvantables m'a toujours intrigué.

Çà et là une femme se montre à une croisée, étreignant un linge.

Un ragoût soupire péniblement dans une casserole, et l'odeur qu'il exhale emplit la rue entière.

Plus près, c'est un enfant que l'on assomme à coups de chaise, pour le punir de s'être laissé tomber dans l'escalier.

Dans les angles ténébreux des boutiques sont assises des vieilles qui ne parlent plus. qui ne voient plus, qui ne dorment plus et qui existent néanmoins.

La vie semble avoir installé ses problèmes physiques et moraux dans ces taudis croulants. qu'on n'examine pas sans une vive tristesse, et dont l'intérieur plus horrible encore, n'est connu que par quelques hommes de la police.

Comment voulez-vous, dans de semblables conditions, obtenir un peuple sain de corps et d'âme ?

Qui peut naître et se développer au milieu de ces rues privées d'air, où l'on ne marche que sur des choux en décomposition ?

Ces femmes ébouriffées, qui n'ont plus d'âge passé vingt ans, quelle sorte d'êtres peuvent-elles mettre au jour ?

Rasez au plus vite ce quartier, tout le commande, à moins que vous ne vouliez entretenir au sein de Paris une race immonde, bancale et sans pensée. Le dix-neuvième siècle ne doit pas avoir sa truanderie.

La jeune fille essaya de faire quelques pas ; il était aisé de voir qu'elle ne connaissait point la ville.

Elle se dirigea d'abord vers la rue Galande mais, là, elle se perdit dans l'ignoble réseau qui déroule ses mailles derrière les bâtiments de l'Hôtel-Dieu. Elle allait de la rue des Anglais, courte et noirâtre, à l'étroite rue du Fouarre, où se tenait une académie d'armes ; de là, à la rue Julien-le-Pauvre, et partout elle rencontrait des figures qui n'étaient point faites pour la rassurer.

Souvent les hommes qui passaient auprès d'elle la regardaient grossièrement ou la coudoyaient avec un mauvais rire, car sa démarche indécise et ses yeux sans but devaient donner le champ aux interprétations injurieuses.

Elle n'osait pas demander son chemin, car il n'y avait pas de chemin pour elle, pas de maison qui s'ouvrit à sa voix, pas de famille qui pût la recueillir et l'embrasser au front...

Après avoir erré quelque temps aux alentours de la place Maubert, où elle espérait peut-être voir revenir le fiacre, elle se trouva tout à coup sur les quais.

L'horizon élargi la remplit d'effroi.

Paris se montrait par un coin de son immensité, qui se débattait dans la brume, avec son fleuve tortu, ses maisons en foule, son Louvre lointain, ses confusions et ses rumeurs de fourmilière humaine.

Devant elle deux tours épaisses semblaient peser de toute leur sombre force sur la Cité, et l'enfoncer plus avant dans l'eau.

On entendait des bruits de cloche, aigus et sourds, qui coupaient l'air, annonçant l'Angelus.

De toutes parts s'éveillaient des lumières aux fenêtres, comme autant de petits souffles nés d'un impur marais.

Pourtant la population avait changé de de physionomie, les visages étaient moins cruels, les allures plus honnêtes. De même que les maisons, les costumes s'é-taient faits plus propres.

Enfin, si l'on ne respirait pas mieux, du moins, ou respirait davantage. C'était comme un purgatoire après un enfer.

La jeune personne suivait maintenant le quai des Grands-Augustins. Les ravaudeuses, dans leur tonneau posé au coin des rues, voyant son air de candeur, lui souriaient avec cette malignité affable qu'ont les femmes qui se souviennent ; ou bien elles chantonnaient un refrain du Rémouleur de Lécluse.

De petits clercs passaient, lestes et la tête à l'avent, portant encriers, papiers et sacs de procédures.

Le long de l'eau se promenaient amoureusement grisettes et soldats aux gardes, causant du rendez-vous prochain au lieu de causer du rendez-vous actuel, rouges et se contentant de pousser avec le pied les petits cailloux devant eux.

Les femmes n'avaient pas encore adopté la mode des souliers plats; la plupart portaient des mules de couleur, tantôt blanche ou verte, avec un réseau d'argent, tantôt rose avec une boucle riche ou simplement de rubans; ces mules infiniment pointues étaient ornées de talons minces, dits talons de chanoinesse, hauts quelquefois de trois pouces et qui donnaient à la démarche une légèreté, mêlée d'embarras, du plus provoquant effet.

En outre, cette chaussure élevée, que nous regrettons beaucoup, favorisait le dégagement de la taille en assurant une juste proportion à un grand nombre de jolies femmes qui sans cela eussent paru petites; elle affinait la jambe et préservait de la boue de Paris; tandis que les souliers à talons plats tirent les nerfs des mollets, les gros pieds et aident considérablement aux souillures de la robe, sans racheter ces désavantages par une grâce ou une coquetterie quelconque.

Joignez à cela la jupe courte et flottante, le justaucorps baleiné un peu long par devant, la coiffe éblouissante de blancheur et vous aurez le portrait physique des avenantes bourgeoises d'avant la révolution.

Parmi ce monde plus gai et mieux vêtu, la pauvre fille que nous voyons errer depuis une heure sentait son cœur rassurée, mais son regard se levait avec plus de confiance sur ce qui l'entourait ; les paroles qu'elle saisissait partaient de voix moins rudes.

Même les gens du port, qui fumaient en se penchant sur le parapet, elle ne les trouvait pas trop effrayants, malgré leur stature d'athlètes.

Elle arriva sur le Pont-Neuf. Là, elle fut un peu étourdie du mouvement de carrosses qui s'y faisait et des industries ambulantes dont ce lieu est, depuis, toujours le siége traditionnel.

C'étaient des marchands de chansons, habillés en marquis jaunes, avec une bourse graisseuse continuellement en branle sur le collet.

C'étaient des escamoteurs qui faisaient manœuvrer sur une table des oiseaux privés, lesquels tiraient des coups de petit fusil et imitaient le mort.

Les sieurs Miette et Pinetti avaient un cabinet de physique au bas du pont.

D'agiles carillonneurs, armés de leurs baguettes, tiraient des harmonies limpides et tintantes de leur cadre de sonnettes, art perdu !

Graves et funèbres, comme les vieilles gravures flamandes, passaient les marchands de mort-aux-rats, avec leur haute perche sur le dos, d'où pendaient les nombreuses et rebondies victimes du poison.

Tantôt c'était une famille de saltimbanques, les cheveux rejetés derrière les oreilles, qui traînait après elle son tapis et ses chaises, Espagnols cagneux sous leur maillot, petits drôles de six ans, femme hâlée en jupe courte, habituée à porter des poids de cent livres sur son ventre.

Comme le Palais-Royal, comme le Temple, comme les Tuileries, le Pont-Neuf avait sa population spéciale, qui tenait du spectacle en plein vent et dont on ne peut retrouver aujourd'hui que les débris effacés.

C'était sur le Pont-Neuf, et seulement sur le Pont-Neuf, que l'on entendait la réunion assourdissante de tous les cris parisiens: cris des marchands d'éponges, cris des vinaigriers, cris des brocanteurs d'habits, cris des animaux, chiens

et chats, pour lesquels un fer caché s'e-
guisait sans cesse.

Je ne parle pas des voleurs et des coupeurs de bourses, qui ont assuré au Pont-
Neuf une réputation européenne, commencée du temps de Tabarin, continuée
avec succès par ce duc d'Orléans, qui
n'avait pas son pareil pour dévaliser un
bourgeois avec goût.

Le beau moment du Pont-Neuf, c'était
de huit à dix heures du soir. Il n'en était
que sept à peine.

Troublée par toute cette agitation, la

jeune fille alla donner d'abord dans un groupe formé autour de quatre bouts de chandelle, qui tâchaient d'éclairer un homme, poitrine nue, bras retroussés, qui avalait une lame d'épée.

Ce malheureux, après avoir fait trois fois le tour de l'assemblée, retira l'épée de sa gorge, ayant soin de faire remarquer deux gouttes de sang, brillantes, sur l'acier.

La jeune fille s'éloigna...

Plus loin elle se vit face à face avec le Grimacier illustre. Il était monté sur une chaise et s'accompagnait lui même de son violon, dont il jouait tantôt par derrière la tête et tantôt par-dessous la jambe. Il chantait avec les contorsions les plus forcées, la béquille du père Barnaba. Les éclats de rire de la foule accueillaient ses lazzis.

En fuyant ce bruit trivial, elle se trouva devant la croix du Trahoir, à l'entrée de la rue de l'Arbre-Sec. Elle s'arrêta, sans remarquer dans un angle obscur, à quinze pas devant elle, un homme qui se tenait immobile et debout, et dont le regard ne la quittait pas

Cet homme l'avait suivie depuis l'instant où le fiacre l'avait déposée sur la place Maubert ; il l'avait suivie sur le quai, il la suivait encore ; et maintenant qu'elle était arrêtée, il s'arrêtait avec elle.

Espion étrange, il riait dans l'ombre.

La force d'une émotion inconnue réveillait dans son œil des flammes assoupies depuis longtemps. Sa bouche était joyeusement entr'ouverte. Quelquefois il regardait les passants pour voir si quelqu'un d'entre eux s'amusait autant que lui. Puis toute son attention se reportait de nouveau sur la jeune fille, qu'il guettait en se jouant, comme un chat guette une souris.

Celle-ci ne se doutait de rien.

Sous les vêtements noirs et presque communs dont il s'était affublé, peut-être n'eût-il pas été impossible de reconnaître ce mystérieux personnage, un des acteurs principaux de mon roman.

Dix-sept années écoulées ne semblaient l'avoir vieilli.

On eût dit qu'il avait compris le temps,

dans le défi téméraire porté par lui aux hommes et aux choses.

C'était le duc de Noyal-Treffléan.

En regardant la jeune abandonnée qui venait de s'asseoir sur une des marches les moins mouillées de la fontaine, il disait :

— Voilà mon sang, voilà ma fille. Cette jeunesse, cette grâce, cette douleur, tout cela est à moi. Où ira-t-elle ? que va-t-elle faire ?

Ah ! ne pas pouvoir plonger dans le

cœur humain pour en contempler les pensées secrètes, souvent étranges et terribles comme les trésors du fond de la mer !

Enfant rougissante, que je couve du regard, es-tu le vice ou la vertu? Sang tumultueux, fouetté sans cesse par les verges des passions farouches, sang de mes veines, es-tu celui de cette mignonne dont les grands yeux ébahis semblent éclairer l'ombre, tandis que le pied imperceptible trempe dans la boue?

Ma fille! Si les natures ne mentent pas, en ce moment où la cité brille et pétille, où les haleines sont en feu, tu dois sentir remuer en toi quelque chose de la courtisane ta mère, et de ton père, le libertin gigantesque.

Bruit, flamme, vice, élégances, couleurs et richesse, ne lui chantez-vous pas votre hymne la plus enivrante, celle qui comprime le cœur, élargit le regard et desserre la lèvre avide ?

Paris ! accomplis ta mission corruptrice, enlace dans tes rets parfumés une âme neuve, souffle à son visage les bouffées qui égarent, alanguis sa marche ingénue, multiplie devant elle tes féeries timides ou fauves, riantes ou furibondes. C'est ma fille, et je te la livre entière, ô ville sirénéïque!...

Comme sous l'effort d'un magnétiseur invisible, l'enfant qu'on voyait assise au pied de la fontaine de la Croix du Trahoir s'agitait et paraissait souffrir.

L'œil du duc de Noyal-Trefléan avait une projection lumineuse telle qu'on en donne aux génies du mal dans les peintures fantastiques.

Au bas de la fontaine, la jeune fille murmura :

— J'ai faim.

Premier mot de la vie réelle.

Se levant avec peine, elle se dirigea vers une boutique de boulanger, et elle s'arrêta devant en regardant les pains qui étaient au fond.

— Ah! tu veux manger, disait-il, voilà que tes luttes vont commencer alors : et moi qui ne songeais pas au pain, au brutal, comme on l'appelle dans les auberges! Voilà ton premier séducteur trouvé, ma fille, c'est le pain. Regarde comme il a l'air bonhomme sur sa planchette où tu le convoites ; lui aussi est doré comme un grand seigneur ; c'est l'amoureux aux baisers rudes, c'est le minotaure de bas étage qui attend chaque jour son tribut de virginité et d'honneurs. Regarde-le bien. Le pain est terrible. Le pain est terrible, ma fille, rien ne l'émeut ; c'est un amant qui creusera tes joues, qui pâlira ton front, qui éteindra ton regard si tu cherche à lui résister longtemps. Tu le prieras à mains jointes et il ne t'écoutera pas. Le pain n'a pas d'oreilles. La nuit tu rêveras de lui ; honte et cruauté ! A seize ans, avec un visage d'ange, blond et chaste, la bouche rosée et les paupières closes, rêver à un morceau de pain !

La jeune fille passa.

Implacable et ténébreux, le duc de Noyal-Treffléan la suivit.

Elle se traîna une heure encore dans la rue Saint-Honoré, mais un abattement profond se manifestait dans son allure.

Au coin de la rue Tirechappe elle tendit la main à un passant.

— Elle mendie ! elle mendie ! exclama son père qui sentit un nuage pourpre sur sa figure, mais qui le chassa aussitôt par un rire atroce ; elle mendie ! Mon sang est le même que celui des gueux !

Le passant ne vit pas la jeune fille ou ne voulut pas lui répondre.

Elle attendit un second passant, puis un troisième, toujours la main timidement tendue.

Quelques débauchés, au nombre de quatre ou cinq, sortirent d'une allée en titubant.

L'un d'eux l'aperçut, et, venant à elle, il la regarda sous le nez.

— Tiens ! elle est jolie, dit-il.

— Elle pleure, dit un autre.

— Raison de plus pour la consoler...

Et plusieurs bras furent passés autour de sa taille.

L'enfant, effrayée, se débattait palpitante comme un oiseau.

Le cercle des jeunes gens se resserrait autour d'elle.

— Laissez-moi! laissez-moi! criait-elle d'une voix étouffée.

A quelques pas de là, le duc voyait toute cette scène.

Les émotions les plus rapides se succédaient en lui.

Il tremblait légèrement : c'était sa fille qu'on insultait en sa présence.

— A moi! répétait-elle.

Pourtant, il restait immobile.

— Au secours ! par pitié !...

Le duc n'avait qu'à faire un mouvement, un geste, il ne bougea pas.

Seulement ses doigts se crispaient, malgré lui.

L'émotion était forte...

A la fin, on lui lâcha sa fille ; et les débauchés continuèrent leur chemin, chantant à tue-tête, à travers leurs éclats de rire :

> Le couvent le plus doux de Paris
> Est celui de madame Paris...

— Allons, cela ne commence pas mal! dit le duc de Noyal-Treffléan ; mon idée est vraiment heureuse, et je passe par des sensations d'une espèce particulière et vive. Mais ce n'est pas assez. Il faut pousser le drame jusqu'au bout. Je veux voir comment, sans aide et sans conseil, elle se tirera de son premier combat avec la vie, si Dieu n'envoie pas du ciel un de ses séraphins pour la sauver.

Exaltée, frémissante, elle, elle avait doublé le pas ; dans ses yeux brillait une résolution.

Elle cherchait quelque chose et regardait fixement les maisons au sommet.

Tout à coup un cri de joie partit de sa poitrine ; une croix se dessinait dans l'air noir.

C'était une église.

Elle y courut...

Mais le duc l'avait devinée ; rapide, il fendit l'ombre et se dressa devant elle, lorsqu'elle parut aux premières marches du monument.

— On n'entre plus, dit-il, il est trop tard ; l'église est fermée.

— Fermée! dit-elle avec une explosion de sanglots, en se laissant tomber sur la pierre.

Le duc demeura debout derrière elle.

Père dénaturé, il venait de refuser à son enfant l'entrée de la maison de Dieu !

Oui, horrible! horrible comme dit Shakespeare.

Ici le drame devient odieux et se dresse de toute sa hauteur, comme un ours, sur ses pattes de derrière.

Cet homme va trop loin ; et pour sentir crier la vie au dedans de lui, il ne recule ni devant l'infamie, ni devant le sacrilége.

Qu'est-ce donc qu'il a fait de son âme? Le ciel la lui a-t-il retirée ou se l'est-il retirée lui-même ? Peut-être je devrais le laisser à son œuvre et détourner de lui mes yeux.

Mais non, cet homme appelle l'analyse;

et quoi qu'il fasse, c'est une patiente et abominable étude que nous devons tout entière à nos lecteurs.

Allons donc jusqu'au bout avec le duc de Noyal-Treffléan, et surmontons, s'il se peut, notre grande horreur!...

Une pensée lui était venue.

Il s'était rappelé l'invitation de Grimod de là Reynière, et, consultant sa montre, il se disait que l'heure était proche.

— Diable ! je ne voudrais pas faire à ce brave garçon l'injure de manquer son souper Il m'amuse, ce la Reynière. Tous les originaux de Paris, tous les songe-creux, tous les gredins de mérite seront chez lui ce soir. Je ne serais pas fâché de m'y produire moi-même avec quelque éclat. Cela devient nécessaire. On ne parle presque plus de moi depuis quelque temps. Je m'oublie et l'on m'oublie. Les femmes commencent à me trouver vieux; les hommes font semblant de ne plus me redouter.

Que leur faut il donc de plus, à eux et à moi? N'ai-je pas fait déjà tout ce qu'il est humainement et inhumainement possible de faire? N'ai-je pas creusé le vice jusqu'au tuf? J'eusse bien voulu les voir, à ma place! On parle de ce drôle nommé Hercule, et de ses douze travaux ; babioles que cela. Etrangler un lion, balayer une écurie, assommer des voleurs, couper la tête aux serpents, c'est le fait d'un homme de la Halle ou d'un exempt de maréchaussée. Je ne veux pas des exploits d'Hercule. Mais au lieu d'une hydre ou d'un tigre, prendre un événement et le faire marcher devant soi, et le pousser, et le conduire jusqu'à ses limites extrêmes, et ne s'arrêter que là où le possible finit ; à la bonne heure ! Voilà ce que l'homme à la massue n'eût jamais imaginé, et ce que j'ai réalisé, moi. Tout ce que les autres sont parvenus à faire, à voir et à sentir, je l'ai vu, je l'ai senti, je l'ai fait. Aucune sensation ne m'est échappée, depuis la plus infime jusqu'à la plus grandiose.

Pendant huit jours, j'ai sucé des araignées renfermées dans une tabatière d'or, comme l'astronome Lalande, afin de connaître le plaisir qu'il y trouvait. Est-ce ma faute à présent si je ne sais plus de thème à ma curiosité ; si ce monde flétri, stupide, en ruines, m'est connu jusque dans ses derniers recoins, et jusqu'au plus bas de ses hontes ? L'homme que je paie pour me récréer paraît être à bout d'inventions;

il se répète comme un auteur énervé; ses dernières situations sont plates et traînées en longueur; j'ai déjà vu cela quelque part.

Peut-être faudra-t-il que je le chasse. En quinze jours il ne m'a servi qu'une misérable intrigue, bonne tout au plus pour un provincial débarqué, et un rendez-vous auquel j'ai envoyé mon valet de chambre.

Vraiment le comte d'Artois est un autre homme, lui qui s'en est revenu tout nu, à cheval, de Versailles à Paris.

Encore une semaine, et me voilà perdu de réputation, classé parmi les mortels innoffensifs et vertueux, les Penthièvre ou les Malesherbes, couronné de roses et suspecté d'aller sécher des pleurs au fond des chaumières.

Morbleu ! j'aurais bien voulu arriver chez ce la Reynière. de façon à faire jaser un peu !

Sa fille pleurait toujours, enroulée dans sa douleur, et cachant sa tête dépeignée entre ses mains que les libertins avaient meurtries.

— Mais je suis cloué aux pas de cette petite, et je ne puis me partager en deux. Comment concilier l'un et l'autre de mes désirs? Quel moyen employer pour ne perdre aucune des larmes de cette enfant, aucune des gorges-chaudes de ce souper?

O pauvreté de l'espèce humaine, qui, sur deux plaisirs, est toujours forcé d'en lâcher un!

La voici qui se relève cependant et qui promène aux alentours son beau regard, éloquent comme un tableau de sainteté. Elle descend les marches, et se retournant, elle se signe. Oui, la religion donne la force ; mais, à moi, d'où vient que la force ne m'a pas donné la religion ? Elle paraît calme et résignée maintenant ; sa prière, ainsi qu'un baume miraculeux, aura coulé dans ses veines.

Cette ville folle ne lui fait plus tant de peur ; en vain les vieilles maisons mystérieuses se penchent vers elle pour lui murmurer de confuses infamies, elle fuit, cette proie blanche, mais elle ne tremble plus et elle parfume de son innocence les rues fangeuses où elle passe. Je ne la suis plus, elle m'entraîne.

Ce n'est plus elle à présent qui s'inquiète et qui s'étonne, les rôles sont changés et je sens mon rire qui s'est éteint. Pourquoi cela? Est-ce la tendresse qui m'envahit le cœur? Cette domination à laquelle je semble obéir, est-ce le lien du sang, que j'ai tant de fois nié et méconnu? Allons-donc! Et pourtant il ne tiendrait qu'à moi de l'arrêter en lui criant: « Ma fille? » mais bah! ce serait trop simple et trop vite fini. N'importe; c'est un mot étrange à prononcer...

Il le prononça deux ou trois fois dans la nuit, à voix bien basse, et comme s'il eût craint de s'entendre lui-même.

— Ma fille... ma fille !

Au milieu de son extase enveloppée de honte, le duc de Noyal-Treffléan ne vit pas d'abord trois ou quatre hommes qui s'élancèrent sur lui, d'un angle obscur où ils étaient cachés.

— La bourse et la vie ! fit l'un d'eux en le saisissant aux poignets.

— Oh ! comment dites-vous cela ! s'écria le duc en reculant ; la bourse et la vie, tous les deux à la fois ? Corbleu ! que d'exigence !

Il chercha à tirer son épée.

Un homme venu par derrière lui épargna ce soin.

En se retournant, le duc de Noyal-Trefiléan reconnut qu'il avait affaire à une demi-douzaine d'individus.

On était sur le quai, un endroit désert, à quelque distance de l'arche Marion.

La jeune fille, dans ses circonvallations sans but, se rapprochait, comme on le voit, du point d'où elle était partie.

Elle marchait toujours, sans s'apercevoir de l'incident qu'elle laissait derrière elle.

Bientôt le duc la perdit complétement de vue.

Il en poussa un blasphème de rage.

Quatre griffes vigoureuses le maintenaient aux épaules. Pendant ce temps-là, un homme lui arrachait sa montre; un autre le fouillait à fond. Cela s'accomplissait vivement, lestement, sans bruit. Dans toute autre circonstance, le duc en eût été charmé, mais en ce moment cet épisode ne laissait pas de lui inspirer une contrariété évidente.

D'autant plus qu'il s'aperçut qu'on le poussait vers la Seine.

— Au fait, pensa-t-il, j'étais indécis entre ma fille et le souper de Reynière ; ces bandits vont trancher la question.

Néanmoins il essaya de lutter. Il était robuste et il avait appris la boxe dans les carrefours de Londres. Il se dérouilla donc du mieux qui lui fut possible, et quelques-unes de ses gourmades déconcertèrent les assaillants.

Mais que pouvait-il faire contre six ou sept qu'ils étaient?

Un d'entre eux, le saisissant à la gorge, se mit en devoir de lui pousser un bâillon entre les dents.

En se débattant, le duc s'écriait :

— Laissez, laisez donc... je sais ce que c'est... la poire d'angoisse... je n'en veux pas !

D'un coup de poing rudement asséné dans le plein de l'estomac, il se débarrassa de son bâillonneur. Mais bientôt,. serré de plus près par les autres :

— Eh bien! dit-il, si vous tenez absoument à étouffer mes cris... mes chers messieurs... soyez assez obligeants pour vouloir bien remplacer... Aïe ! ne frappez donc pas si fort ! Pour vouloir bien remplacer la poire d'angoisse, que je connais, par le masque de poix, qui m'est totalement inconnu... Voulez-vous me rendre ce dernier service, hein ?

Au milieu de leur verve occupée, les filous ne purent s'empêcher d'échanger un coup d'œil d'étonnement.

Le duc insistait.

— Mes amis... mes bons amis... un masque de poix! accordez cette suprême satisfaction à un mourant. Du fond de l'eau, je vous bénirai, je vous remercierai ! Un masque depoix !...

On descendait toujours vers la rivière.

— Ah! chiens!... ah! canailles! Me faire manquer un souper auquel je tenais tant! au moins, mettez-y des formes... On ne noie pas un duc et pair comme on ferait d'un chat ou d'un veau... Au secours ! au sec...

Une paume de main, large comme un gant de joueur de balle, prit la mesure de sa bouche, en y comprenant le nez, le menton et une partie des joues.

De sorte qu'il ne put achever sa phrase.

En ce moment, par un de ces éclairs d'âme que rien n'explique et qui expliquent Dieu, il eut une vision qui lui rappela soudainement sa fille, alors qu'elle criait, elle aussi, au secours, et que lui ne l'écoutait pas.

Ce qui lui arrivait maintenant était-ce une vengeance céleste?

Je n'oserais dire qu'il en eut la pensée; mais un frémissement dansa sur ses lèvres pâles, et il ferma les yeux pendant l'espace d'une seconde.

Arrivé à un endroit où le quai précipite sa pente, les bandits eurent un mouvement de recul, qui laissa le duc en avant et seul.

Il comprit que l'instant était venu.

— Tenez, dit-il en sortant une bague

de son doigt et la leur offrant, vous êtes des maladroits qui ne savez pas votre métier...

Puis un des hommes le prit par les épaules, et le poussa brusquement dans la Seine.

Un sourire magnifique passa sur la face du duc de Noyal-Treffléan, qui disparut avec la majesté du Don Juan de Molière.

CHAPITRE TROISIÈME.

III.

L'agonie du XVIIIᵉ siècle. *(Suite.)*

— Au secours! au secours!... un homme vient d'être jeté à l'eau.

A ces cris poussés subitement quelques

hommes et quelques femmes, têtes curieuses, accoururent sur le quai, à la place où venait de disparaître le duc de Noyal-Treffléan.

La lune, étalée brillante sur le bleu du ciel, éclairait si bien qu'on eût dit le plein jour.

— Où est donc l'homme qui se noie?

— On ne voit rien.

— C'est une hâblerie de quelque mauvais plaisant.

— Ou une ruse de coupeurs de poches.

— Non ! voici une tête et puis des bras ; tenez, le voyez-vous ? voilà le noyé !

L'immersion du duc avait été longue, car, lancé brusquement sans qu'il lui fût possible de se conformer aux règles de la nautique, il était tombé en troublant la Seine comme une pile de pont qui s'écroule.

Après avoir tourné et retourné sur lui-même, il reparaissait enfin étourdi, brisé et se frottant les yeux.

Il aperçut la galerie de spectateurs dont tous les regards le contemplaient avidement.

Ne pouvant trouver une meilleure occasion de prouver qu'il savait nager, il s'étendit alors sur le fleuve aussi bien qu'un Tytire sur l'herbe.

La foule désappointée gesticulait en criant à la mystification ; elle se fût peut-être retirée mécontante sans un incident cruellement burlesque qui vint ajouter quelques péripéties à cet accident.

Un marinier s'était élancé vers le duc.

On n'avait guère pu voir d'où il sortait et s'il arrivait de dessus ou dessous le fleuve.

— Voilà un brave homme, dit-on, qui, trompé comme nous, va au secours de cet original.

Le marinier plongea au moment où il atteignait le duc, et ce dernier s'engouffra absolument comme si un requin lui eût happé la jambe.

— Ce sont d'habiles nageurs, dit un bourgeois en accompagnant son observation d'un rire admirable mélangé du reniflement d'une prise.

— Mais non, dit un autre, ils ne s'amusent pas, ils sont engloutis tous deux.

Pendant un instant on ne vit, en effet, ni l'un ni l'autre.

Une rumeur d'anxiété accueillit leur double réapparition.

Mais le marinier, posant aussitôt la main sur la tête du duc, l'envoya d'un mouvement rigoureux revoir le fond pour la troisième fois.

— C'est un divertissement, dirent quelques voix.

— Tenez! Ils recommencent.

Le plongeur faisait subir au grand seigneur une quatrième immersion plus longue encore que les précédentes.

— Bravo! bravo! s'écrièrent les spectateurs, il est impossible de mieux rester sous l'eau à moins d'être amphibie.

Quand M. de Noyal-Treffléan revint à la surface, il ne nageait plus, ses bras battaient l'air, imitant les ailes d'un moulin.

— Je... je me noie...

Glou, glou, glou, glou, faisait l'eau en entrant dans sa gorge.

— Bravo! bravo! répéta la foule.

Il est temps d'en finir avec ces passes trop prolongées, si du moins on n'avait pas l'intention de noyer bel et bien M. le duc.

Aussi le plongeur le prit aux cheveux

et l'amena vers un canot dans lequel se trouvait un homme fort souriant.

— C'est bien, dit ce dernier, c'est très-bien.

A eux deux ils posèrent sur le bateau le duc inanimé, comme un saumon de plomb.

— Est-il à point, M. Soleil?

— Parfaitement, répondit le personnage interpellé par ce nom bizarre.

— Je ne pouvais sans danger lui en laisser avaler une gorgée de plus.

— C'est suffisant. Maintenant remenez-le à terre.

Le marinier se revêtit d'un surtout de grosse toile, et, faisant jouer les avirons, il dirigea la barque vers la pointe de la Cité.

Les curieux, voyant ce corps roide étendu au fond du bateau, s'attroupèrent sur le carré Henri IV, et un vieux médecin qui passait, par hasard, descendit promptement l'escalier afin d'aller sur la berge donner les premiers soins au noyé.

— Voici le prix convenu, dit M. Soleil avant d'aborder.

Leur débarquement fut salué d'un concert de louanges, car les témoins de ce mystère avaient fini par voir la chose sous un point de vue très-différent de la vérité.

— Permettez, permettez, écartez-vous, messieurs et dames, dit le vieillard descendu en sa qualité de médecin, que je sonde les dangers de cette asphyxie!

Le lecteur aurait reconnu la voix qui parlait ainsi, mais non l'homme; il était si changé, ce pauvre docteur Palmézeaux; il n'avait jamais été gras, cela est vrai, mais maintenant c'était un squelette.

A peine ses yeux se furent-ils arrêtés sur les traits du personnage évanoui, qu'il salua ce corps inanimé avec une vénération profonde; puis, ayant vérifié la gravité du mal :

— Qu'on apporte M. le duc dans ma maison, dit-il, je serai trop honoré de lui donner les soins que réclame son état.

Sur un clin d'œil de M. Soleil, quatre hommes qui, mêlés à la foule, semblaient attendre ce signal, firent de leurs bras un brancard sur lequel ils emportèrent M. de Noyal-Trefiléan.

— Là, tout près, quai des Augustins, n. 27, prononça le docteur Palmézeaux.

Une partie de la foule suivit, l'autre resta sur la berge, livrée aux commentaires les plus extravagants.

— C'est un duc !

Il a voulu se suicider parce qu'il est est amoureux de la reine.

— Non, c'est sa femme légitime qui l'a fait jeter à l'eau par ses laquais.

— Voilà le brave qui l'a sauvé, dit quelqu'un en montrant le batelier.

— Et aucune récompense ne lui a été donnée!... Ce sont bien là les grands seigneurs!

Le marinier eût beaucoup de peine à empêcher qu'on ne le portât en triomphe.

Les quatre hommes avaient déposé le duc sur le lit du médecin et s'étaient retirés.

— Ce malade n'est donc pas pour vous un inconnu, docteur? demanda M. Soleil, quand il fut seul en présence de celui-ci.

— M. le duc de Noyal-Treflléan, un inconnu pour moi oh! non, je le proclame.

— Cependant, il faut qu'il vous soit inconnu.

— Plaît-il ?

— M. le duc doit s'être noyé et avoir été soigné par vous, tout cela incognito.

Les moindres mystères agaçaient singulièrement l'intelligence de Palmézeaux ; il s'arrêta immobile, la bouche ouverte, les yeux clignotants.

— C'est bizarre ! je ne pourrai pas me vanter d'avoir l'insigne honneur de....

— Non !

— Je me rends.

— L'état de M. le duc offre-t-il quelque danger? reprit M. Soleil en adoucissant sa voix.

— Aucun danger; c'est un évanouissement, ce n'est même pas une asphyxie; avant une heure, M. le duc aura toutes ses facultés comme vous et moi, et il pourra retourner à son hôtel à pied ou en carosse.

M. Soleil hocha la tête négativement.

— Retourner à son hôtel, non.

— J'ignore quelles seront ses intentions dans une heure.

— Il ne faut pas qu'il ait des intentions, murmura entre ses dents le singulier personnage qui avait payé si largement le bain de M. le duc.

— Tenez, voyez-vous? la potion que je lui ai donnée lui permet déjà quelques mouvements.

— Il va revenir à lui?

— Plus tôt que je ne croyais.

— Diable!

— Cela me prouve l'efficacité de mes médecines, s'écria le docteur enthousiasmé. Oui, monsieur, qui que vous soyez, sachez-le bien, la France possède en moi un savant utile, fécond en inventions, mais je vous répète peut-être ce que vous avez entendu dire...

— Certainement, certainement, fit M. Soleil.

Palmézeaux sourit à cette réponse, comme un sultan au balancement d'un d'un éventail.

Le duc de Noyal-Treflléan entr'ouvrit les yeux, puis ses lèvres pâlies remuèrent imperceptiblement.

On aurait dit qu'il voulait parler, mais qu'il n'en avait pas la force.

— Docteur, murmura M. Soleil, il ne faut pas que cette atonie cesse de sitôt.

— Par exemple, voilà une nouvelle singularité bien extraordinaire.

— Vous m'entendez ?

— Oui, mais je ne comprends pas.

— Peu importe.

— C'est différent.

L'ascendant qu'exerçait M. Soleil sur Palmézeaux n'était autre chose que cette supériorité que donne la force magnétique du regard, l'inflexion plus ou moins volumineuse de la voix, l'énergie du geste, toutes choses qui n'ont qu'une puissance relative à la faiblesse de l'être qu'elles dominent.

Or, le docteur paraît avoir grande science, et Palmézeaux le croit surtout déclin de son âge.

En ce moment, le duc articula quelques consonnances diffuses.

— Voyons, reprit M. Soleil, il s'agit maintenant de lui donner une potion qui lui procure un sommeil de...

Il tira de son gousset une grosse montre convexe, comme une coquille de noix, et observant la position des aiguilles :

— Un sommeil, continua-t-il, de trois heures environ, plutôt plus que moins.

— Jamais je ne consentirai à me rendre le complice d'une semblable imprudence.

— Vous refusez ?

— Je refuse.

— Irrévocablement ?

— Vous l'avez dit, prononça le docteur avec solennité.

— Eh bien alors, je vais de nouveau faire jeter M. le duc dans la Seine.

La terreur et l'indignation se disputèrent à la fois les traits de Palmézeaux.

— Vous auriez cette cruauté ?

— Si vous m'y forcez.

— Mais de quel droit, monsieur, feriez-vous noyer cet honorable, cet illustre, ce magnanime gentilhomme ?

— Du droit que j'ai de le faire noyer.

— A qui persuaderez-vous semblable folie ?

— A tous ceux à qui je montrerai ce papier.

Le docteur jeta un regard effaré sur l'écrit que lui présentait son interlocuteur.

Ses yeux s'agrandirent de moitié, ses lèvres se gonflèrent à toucher son nez.

Il tendit la main à M. Soleil.

— Oh! je vous demande pardon de vous avoir méconnu.

Sublime! sublime! s'écria-t-il; oh! phi

losophe, tu fais des géants au moral comme moi, par la science, je vais créer des hommes de huit pieds quatre pouces.

— Comprenez maintenant pourquoi j'aurai le droit de rendre M. le duc aux voluptés du bain froid si vous ne lui administrez pas le narcotique dont je vous ai parlé.

— Ecoutez, mon bon, mon excellent M. Soleil (j'ai vu votre nom sur le papier), j'ai maintenant confiance en vous autant que M. le duc lui-même ; excusez-moi de ne pas avoir accueilli vos prescriptions sans examen ; j'aurais dû, sur votre physionomie, dans vos yeux, lire la dignité de votre caractère, la grandeur de votre mission.

Désormais je suis votre aveugle serviteur, et, si vous le permettez aussi, votre ami.

La main de M. Soleil rencontra celle du docteur, et ils échangèrent une cordiale étreinte.

— Potion somnifère ! se dit à lui-même le sémillant Palmézeaux en cherchant parmi des flacons alignés sur les étagères d'un placard.

— Voilà.

Dans une coupe de cristal, il versa une liqueur noirâtre...

— Nous disons trois heures de sommeil.

Il mesura la potion avec le soin qu'il eût mis à régler une montre à réveil.

— Ce breuvage ne peut produire aucun mauvais effet, n'est-ce pas ?

— J'en réponds sur ma tête, sur mes cheveux blancs; dans trois heures, M. le le duc s'éveillera frais et dispos, comme il sortirait de son lit après la nuit la plus heureuse.

— Fort bien.

Le docteur Palmézeaux insinua entre les lèvres du duc de Noyal-Treffléan le contenu de la coupe.

— *Consommatum est*, dit-il.

— Maintenant, il s'agit de déshabiller M. le duc.

— Le déshabiller?

— Entièrement.

— Mais quel est donc votre projet?

— Ah! docteur, docteur...

— C'est juste, je ne peux pas être initié aux devoirs de votre mission.

Le docteur aida M. Soleil de fort bonne grâce.

Quand l'opération fut terminée, ce dernier le pria d'attendre un instant et sortit pour revenir peu de temps après, suivi de quatre hommes que nous avons vus déjà sous ses ordres.

Ces quatre hommes portaient un immense plat d'argent qui aurait pu dignement figurer sur la table d'Ajax ou d'Ulysse.

Des linceuls étendaient leur blanche neige jusqu'aux rebords de son ovale.

Un petit édredon garnissait l'une des extrémités.

En apercevant ce plat, le docteur Palmézeaux recula abasourdi.

On y posa le duc de Noyal-Treffléan recouvert de serviettes brodées.

— J'en ai la chair de poule, dit Palmézeaux à M. Soleil. Vous ne pouvez pa m'expliquer ?...

— Non.

— C'est égal, je vous admire et je veux vous prouver mon estime et mon amitié. Cela vous surprendrait si moi, vieillard, préoccupé par la science et qui suis censé vivre hors du monde et ignorer tous les scandales, je vous apprenais un secret qui peut avoir sur M. le duc une influence magique.

— Docteur, je ne saurais comment vous prouver ma reconnaissance.

— Venez chez moi demain matin et nous causerons.

A demain, dit M. Soleil; mais pour aujourd'hui, combien vous dois-je?

— Oh! monsieur! prononça Palmézeaux en accompagnant ces paroles d'un geste de désintéressement sublime.

Les quatre hommes emportèrent le plat où reposait le duc de Noyal-Treffléan, et ils le déposèrent dans un spacieux carrosse qui attendait à la porte.

M. Soleil pressa de nouveau la main du docteur, puis il monta dans la voiture qui s'éloigna.

# CHAPITRE QUATRIÈME.

## IV.

L'agonie du XVIII° siècle (*Suite.*)

Il est temps de revenir au souper de Grimod de la Reynière, où j'ai laissé mes convives en train de se placer et de s'asseoir, à la grande satisfaction de leurs muscles zygomatiques.

La plupart avaient fait une ample provision d'appétit, car on savait qu'un festin chez l'avocat n'était pas une mince affaire.

Cinq ou six heures étaient d'une rigoureuse indispensabilité pour l'accomplissement à fond de cette cérémonie alimentaire et théâtrale, où les yeux autant que la bouche se trouvaient étonnés et ravis.

Sous l'ancienne Rome, Grimod de la Reynière eût lutté de faste avec Lucullus; tous les deux fussent devenus inséparables, comme il le devint plus tard avec Cambacérès.

De tous ses aïeux, il n'aimait à se glorifier que d'un seul, mort, disait-il, au champ d'honneur, c'est-à-dire d'une indigestion de pâté de foies gras.

L'entrée du premier service se fit avec toute la pompe des solennités antiques.

Deux jo... ...tes ouvraient marche ; il... ...ivit l'un her... d'armes ex... ...né conn... Lekain dan... ...: *Bayard*, glaive au fl... ...a main u... lance dorée, d... il ........ le sol à cha... que pas.

Le maître d'hôtel venait ensuite, et puis les cuisiniers portant des plats d'argent élevés sur leurs bras au-dessus de la tête.

De jeunes imberbes, des *éphèbes* en aube blanche, marchaient à leur côté, comme chez les Romains.

Suivaient l'écuyer tranchant.

Le cortége se terminait par plusieurs jeunes filles ou nymphes, blondes pour la plupart, vêtues d'un fourreau couleur de chair, et chaussées en brodequins ; elles portaient gracieusement sur leurs épaules des amphores pleines de vin, et leurs cheveux en forêt débordaient somptueusement par derrière, mal retenus par un cercle d'or.

Ce service fit trois fois le tour de la salle, en cadence et gravement.

Au troisième, les plats s'abaissèrent, et les nymphes se réunirent pour les poser l'un après l'autre, car ils étaient d'une énorme dimension.

On ne s'attend pas probablement à ce que je dresse un historique de ce menu ;

ici les renseignements m'ont fait défaut, et je le regrette avec sincérité.

La littérature y perd sans doute une curiosité et la gastronomie un enseignement.

Disons cependant que ... ce que les marchés de Paris fournissent de plus ... et de plus délicat s'était donné rendez-vous sur la table de Grimod de la ... nière.

Dès les premières attaques de fourchettes, les convives s'étaient entre...

gardés d'un air significatif et en souriant.

Ils portaient leurs yeux sur leurs mains et de là sur leurs genoux.

Ils se regardaient et se remuaient.

Grimod de la Reynière s'aperçut de l'embarras général.

— Qu'attendez-vous? demanda-t-il.

— C'est que, mon cher Grimod, dit Flins des Oliviers, c'est que… nous n'avons pas de serviettes.

— C'est juste.

Et sur un signe, les jeunes filles vinrent se ranger immédiatement autour de la table, en dénouant leur chevelure, qui se répandit en ondes frissonnantes sur leur cou, sur leurs bras et le long des hanches.

— Drôles de serviettes, murmura la plus jeune sœur de Rivarol, celle que l'on surnommait Agacète.

— C'est un usage renouvelé des anciens, dit son frère.

Tout le monde essuya ses doigts aux

cheveux des belles blondes, et le festin continua imposant, affamé, brillant.

L'entrée de chaque service s'opérait dans les mêmes formalités que nous avons décrites.

Toujours le héraut avec sa lance; toujours les deux joueurs de flûte,

Une fois seulement ils furent renplacés par deux joueurs de cymbales.

Grimod s'était levé et avait disparu

Il rentra, précédant lui-même son maître d'hôtel.

Quand, au bout des trois tours, les plats furent posés, ont vit que c'était un service tout en cochon, cochon en côtelettes, cochon en ragoût, cochon en menus droits, en petit-salé, en rôti, en laitues à la dame Simone, en jambons, en fromage ; cochons de lait à la broche ; en daube et au père Dounsou.

C'était la glorification et l'apothéose du cochon sous toutes ses formes, sous tous ses points de vue ; c'était le dernier mot du cochon, on ne pouvait point aller au delà.

Aussi Grimod de la Reynière, voyant l'approbation peinte sur tous les visages, s'empressa-t-il de dire :

— Messieurs, cette cochonnaille est de la façon du charcutier Michel, demeurant rue des Arcis, le cousin de mon père.....

On le laissa dire et on mangea.

Mais lorsque ce fut le tour des petits cochons de lait arrosés d'huile vierge, il ne put retenir sa langue et il demanda si l'on était content de cette huile.

Chorus enthousiaste.

— Eh bien! dit Grimod, elle m'a été fournie par l'épicier Planson, demeurant rue Saint-Avoye, le cousin de mon père.

Je vous le recommande ainsi que le charcutier.

Quelques convives inclinèrent la tête en manière d'acquiescement; les autres se contentèrent de sourire, habitués qu'ils étaient aux extravagances de leur hôte..

Nous avons parlé, au commencement, d'une galerie élevée dans la salle; elle était destinée aux personnes qui voudraient jouir du coup d'œil.

Une immense quantité de billets avaient été distribués sans distinction par Grimod de la Reynière : et déjà le flot grondant des visiteurs encombrait la majorité de l'antichambre.

Ceux des convives qui n'étaient pas évenus s'inquiétèrent de cette rumeur.

L'amphitryon souriait.

— M. de la Reynière, n'entendez-vous pas?

— Si fait, M. Mercier, j'entends fort bien. Vous plaît-il un peu de ces pigeons à l'eau-de-vie ?

Le bruit redoublait.

— Grimod, je crois que l'on heurte à la porte, dit M⁰ de Bonnières, jeune avocat de quelque réputation.

— Tu ne te trompes pas, mon cher ami; laissons heurter, la serrure est solide.

— Mais cependant...

— M. de Rivarol, des figues d'Ol-
lioules ?

— Je veux bien, répondit l'homme de
lettres, assez friand de sa nature.

Comme onze heures vinrent à sonner,
Grimod de la Reynière se tourna vers ses
hérauts et leur dit alors d'ouvrir la galerie.

Une cohue de visages échelonnés,
surpris, gouailleurs, rouges, agités, cu-

rieux, apparut derrière les deux battants.

Il y avait des femmes, il y avait des enfants, il y avait des gens de la rue. La procession commença.

D'abord, ils n'osaient rien dire.

On n'entendait que la cadence pesante de leurs pieds.

Il était expressément défendu de s'arrêter ; on ne pouvait que traverser pour faire place à d'autres.

Tout de suite il y eut une sensation générale d'ébahissement, parmi ceux d'en haut et parmi ceux d'en bas.

Les mangeurs regardaient les passants ; les passants regardaient les mangeurs.

Quelques-uns de ces derniers étaient vexés qu'on les montrât en spectacle.

Les autres, moins scrupuleux, n'y prenaient pas garde, et buvaient.

Peu à peu les langues des promeneurs se délièrent ; à quelques rires étouffés succédèrent quelques propos railleurs

— Tiens! regarde donc ce gros, comme il bâfre en baissant la tête.

— Et cette dame toute reluisante, qui cause d'un air si dédaigneux avec son voisin sans paraître s'occuper de ce qui se passe autour d'elle.

— Faites circuler! faites circuler! ait Grimod de la Reynière.

Un mouvement d'oscillation se manifesta au milieu de la galerie.

LES CHEMISES ROUGES. 181

Un homme, en costume d'abbé, se disputait avec les hérauts d'armes qui marchaient en tête du défilé.

Lui voulait demeurer à toute force.

— Mais laissez-moi donc tranquille ! s'écriait-il ; je vous dis que je le connais. Hé ! Grimod !

Grimod leva les yeux.

— C'est moi, mon cher ami, je suis ton oncle, l'abbé de Jarente, coadjuteur d'Orléans…

Les hérauts poussaient toujours.

— Grimod! est ce que tu ne m'entends pas? Je te répète que je suis ton oncle.. tu sais bien, ton oncle le coadjuteur?

La foule commençait à rire.

Cependant l'abbé de Jarente insistait.

— Dis donc, Grimod, veux-tu que je descende? Grimod, écoute un peu ..

— Faites circuler! répéta Grimod de la Reynière.

Les deux hérauts empoignèrent l'abbé au collet, malgré ses récriminations, et le contraignirent à avancer.

Il était pourpre de colère.

Il montrait le poing à son neveu, en se penchant sur la balustrade.

— Ah! coquin; ah! débauché; ah! drôle!...

Les hérauts ne cessaient de le pousser.

— Tu me payeras cela ! s'écriait-il en se rapprochant de la porte de sortie.

Grimod s'empressait auprès de ses convives et faisait semblant de ne pas entendre.

Il était inflexible sur la consigne.

Le peu de sympathie qu'il ressentait d'ailleurs pour tous les membres de sa famille, en général, ne devait pas l'aider à le faire revenir sur sa décision.

Il laissa donc tranquillement mettre à la porte son oncle le coadjuteur, comme s'il se fût agi d'un intrus, et sans paraître autrement se soucier de ses apostrophes fulminantes.

Enfin, au bout d'une demi-heure, la galerie se vida, après avoir livré passage à cinq ou six cents personnes environ. Les dernières furent les plus rebelles à s'en aller, car, de propos en propos, la licence s'était mise de la partie ; les aires s'étaient tournés en huées, on s'était pris de chansons, on avait soufflé bon nombre de bougies

Néanmoins, moitié de gré, moitié de force, les hérauts finirent par congédier ce public malencontreux, et tout rentra dans l'ordre, après qu'ils eurent fermé soigneusement les portes de la galerie supérieure.

Cet épisode jeta un peu de contrainte sur les convives de Grimod de la Reynière.

L'appétit de plusieurs d'entre eux en avait été désagréablement troublé.

La marquise de Perverie, qui faisait ce soir-là son entrée dans le monde, était la seule qui ne parût affectée de rien.

Ce grand calme, joint à cette grande beauté, lui valait l'admiration de tous.

Elle n'étudiait pas, elle n'écoutait pas pour profiter, comme font neuf provinciales sur dix ; elle avait la science innée ; les hommes la regardaient à l'envi, les femmes avec envie.

Et non-seulement les hommes et les femmes, mais encore les valets, ces pauvres êtres dont on niait l'humanité.

Les valets, leurs flacons à la main, debout le long du mur, fixaient leurs yeux ardents sur cette belle femme et faisaient mentir mille fois le magnétisme en la laissant insensible et tranquille sous cette obsession muette. La marquise de Perveric ne les voyait pas.

Et ils eussent pu la contempler cent ans, comme alors, face à face, sans qu'elle les vît jamais.

Quelque chose lui disait qu'il y avait des valets là, et elle ne regardait pas là.

Pourtant là, dans cet angle, deux étoiles étaient arrêtées sur elle, deux flammes comme il s'en éveille chez les jeunes tigres lors de leurs premières colères ou de leurs premières amours, deux yeux de laquais, deux prunelles d'enfant de dix-sept ans, immobiles, éblouies!

Ce valet regardait la marquise de Perverie, comme bien certainement il ne peut être donné à l'homme dans sa vie que de regarder une seule femme; il l'enveloppait, il la buvait avec son âme, il l'embrassait tout entière, dans ses moindres mouvements, et jusque dans les nuances les plus imperceptibles de sa beauté sculpturale.

La marquise de Perverie était assise

entre M. de Castellane et le prince de Gonzague.

Ces deux messieurs se penchaient souvent vers elle pour lui parler et lui sourire.

Elle répondait avec mesure, mais agréablement toujours, sans mettre de prix à ses paroles.

Sa conversation était ce qu'elle devait être, dans cette réunion si folle et si diverse.

J'ai dit que le public admis dans la galerie supérieure s'était amusé à éteindre les bougies qui se trouvaient à sa portée.

Cela avait répandu quelques plaques d'ombre dans la salle.

Des domestiques s'occupaient à rallumer, lorsque l'orchestre qui se faisait entendre au lointain cessa tout à coup ses accords.

Grimod de la Reynière dressa la tête d'un air inquiet.

Après quelques secondes de silence, la

musique reprit; mais ce fut pour entonner un chant douloureux, plein de notes gutturales et funèbres.

Si la musique a une couleur, on peut dire que celle-ci était de la musique noire.

L'oreille y distinguait des fragments d'hymnes religieuses, des sanglots de plain-chant et ces soupirs prolongés qui traversent les mélodies sépulcrales. Involontairement l'assemblée éprouva une pénible sensation

Les fourchettes s'arrêtèrent, les verres furent posés à moitié vides.

Un esprit fort, M. Robbé de Beauveset, murmura :

— Diable ! cela n'est pas gai :

Le marquis de Harné da fronça le sourcil :

— Voilà des dièzes qui gâtent singulièrement le vin.

— Une vraie chanson à porter ma femme en terre ! dit Rivarol.

— C'est sans doute encore une invention de Grimod, ajouta le censeur Coquelei.

Mais Grimod paraissait n'être pour rien là-dedans.

Il s'étonnait comme les autres, et comme les autres il était légèrement ému. Les valets ne se pressaient pas de rallumer les bougies ; la main leur tremblait. Il semblait que chacun pressentît qu'il allait se passer quelque chose d'effrayant et d'inusité.

Grimod de la Reynière se leva pour aller savoir le mot de cette énigme.

Il n'avait pas fait deux pas que la porte de la salle s'ouvrit avec un retentissement.

Un spectacle étrange se produisit alors.

Quatre laquais tout habillés de noir s'avancèrent solennellement, portant sur leurs épaules un immense plat d'argent, démésurément ovale, et recouvert.

Ils ployaient tous les quatre, sous ce pesant fardeau.

S'approchant de la table, où la surprise des conviés était au comble, ils l'y déposèrent au milieu, non sans user de précautions infinies.

La musique jouait toujours.

C'était une lamentation continuelle, une plainte filtrant goutte à goutte, traversant les antichambres, s'insinuant par les fentes des portes et les trous des serrures, quelque chose d'élégiaque et d'humide, de souffrant, de patiemment atroce, s'attaquant à la racine des cheveux et produisant sur les dents des effets analogues à ceux que les maçons obtiennent du grincement de la scie sur la pierre de taille.

Les tortionnaires de l'inquisition eussent classé cette mélopée dans leurs divers genres de questions.

Tout le monde commençait résolûment à avoir peur.

Autour de la table il n'y avait pas un souffle, pas un geste ; seulement, cinquante regards cloués sur ce plat monumental...

Une voix annonça :

— M. le duc de Noyal-Treffléan !

Et, comme par miracle, le linge qui recouvrait ce nouveau service s'écarta en un clin-d'œil.

Cinquante regards plongèrent à la fois comme une tombée de flèches sur un même but.

Un cri de stupéfaction sortit de cinquante poitrines.

Horreur!

Ce plat contenait un être humain!

Un être humain presque nu, couché

tout de son long, dans l'attitude d'un poisson gigantesque, entouré d'herbages, couronné de plantes aquatiques, les bras étendus et collés contre le corps, muet, pâle, sans mouvement et les yeux fermés... le duc de Noyal-Treffléan !

— Le duc ! ! !

D'abord on n'osa pas parler.

On regardait...

Et puis la musique de mort, la musique d'enfer ne cessait pas de se faire entendre ; elle devenait hautaine, elle ouvrait les portes, elle approchait.

Cette musique, jointe à ce spectacle, troublait les esprits et empêchait toute pensée de se faire jour.

Cette musique tordait les entrailles, pinçait les nerfs, tapait sur la tête.

A tout prendre en effet, cette scène était inouïe et ne ressemblait à rien dans son audace effrénée.

Etait-ce joyeux ?

Etait-ce terrible?

Fallait-il rire ou s'inquiéter?

A cette hauteur, la farce devient sauvage et le rire se glace sous la sueur froide.

Il est de ces amusements formidables qui donnent le frisson et dont on se passerait volontiers; ce sont de ceux où l'image de la mort figure comme ingrédient de joie.

Les tyrans de l'antiquité se plaisaient

particulièrement à ces orgies où le sang avait ses coupes à l'égal du vin.

Pour ces énormes natures telles que les Busiris, les Denys, et quelques-uns des douze Césars, il n'y avait pas de plaisir là où il n'y avait pas de cruauté.

Mais au dix-huitième siècle ces traditions étaient complétement tombées en désuétude ; aussi trembla-t-on quand on vit au milieu de cette table un homme tout semblable à un cadavre. La plaisanterie, si c'en était une, atteignait des proportions inconnues. Néanmoins, au premier aspect, la surprise avait tellement dominé l'effroi que les femmes n'avaient pas eu le temps de s'évanouir. Elles commençaient maintenant à y songer, lorsqu'un mouvement échappa au duc sur sa couche verte et argentée.

On respira.

Ce mouvement fut suivi d'un soupir comme fait un homme qui se réveille. La poitrine se haussa. Quelques doigts de la main se contractèrent, mais les yeux restèrent clos.

N'importe, l'assemblée était rassurée, bientôt elle allait rire.

Le Duc de Noyal-Treffléan reprenait peu à peu connaissance; un bourdonnement confus arrivait à ses oreilles; ses paupières commençaient à percevoir une lueur éclatante, bien qu'il ne les eût pas encore ouvertes; la chaleur pénétrait son corps, mais la pensée sommeillait toujours.

Cependant, il y eut un moment où il crut entendre des voix rapprochées et en foule : il venait de se lever sur son séant, livide et les cheveux collés aux tempes, comme quelqu'un qui n'est plus mort, mais qui n'est pas encore vivant, et tel que Rembrandt a représenté le ressucité

Lazare. Alors il avait vaguement les yeux, mais il les referma aussitôt, car il lui avait semblé y voir entrer un million de poignards éclatants. C'étaient les lustres de la salle. Il retomba dans son plat.

Cette fois, une clameur homérique et joyeuse, la clameur des convives, étouffa la musique, souffla les lumières et monta jusqu'au plafond. Ils avaient pris leur pied.

Grimod de la Reynière donnait l'exemple.

A présent ils étaient bien certains que

ce n'était qu'une comédie, et ils voulurent la pousser jusqu'au bout.

— Il faut découper, criait-on.

— Oui! oui!

Un cercle de fourchettes brandies s'éleva autour du duc de Noyal-Treflléan.

C'étaient des cris, des transports!...

Chez lui, cependant, la pensée commençait à batailler vigoureusement.

Il s'agitait.

Ses lèvres redevenaient roses ; deux ou trois fois encore il voulut voir.

Il se débattait contre ce qu'il croyait être un cauchemar lumineux.

A la fin il ne lui fut plus permis de douter de son réveil.

Il reconnut quelques visages penchés sur lui; les paroles se firent distinctes.

Au même instant il sentit une légère piqûre au bras, et il entendit Grimod de la Reynière demander :

— Qui est-ce qui veut un morceau de Noyal-Treffléan ?

L'éclair est moins rapide.

D'un bond, oubliant ou domptant sa faiblesse, il se roula sur lui-même et se dressa debout.

Quand il vit à ses pieds ces hommes et ces femmes rangées en rond, le vertige le prit, et il sauta en bas de la table.

Il y eut un hurrah prolongé.

Ce fut alors qu'un personnage respectueux, en qui nous retrouvons M. Soleil, s'approcha de lui et jeta vivement sur ses épaules un ample manteau.

Le duc n'était pas tellement étourdi qu'il ne pût le reconnaître.

— Monseigneur est-il content de moi? lui demanda cet étrange officieux.

— Diable! dit le duc en souriant, ceci est un peu vif; n'importe, je te donne deux cents louis.

— Sans compter ce que moi et mes

gens avons eu l'honneur de soustraire à M. le duc? la montre et la bague.

Après ce colloque rapide et qui ne fut entendu de personne, le duc de Royal-Treflléan, qui n'était pas tout-à-fait remis de cette secousse imprévue, et dont les jambes fléchissaient, fut entraîné par M. Soleil dans une pièce voisine.

Quand au bout de vingt minutes environ il reparut, étincelant de broderies et de velours, recouvert de ses insignes, droit, fier, bien coiffé, le sourire sur les lèvres, comme s'il sortait des appartements de Versailles, tout le monde se leva.

Il était pâle encore, et cette pâleur légèrement répandue ajoutait à la noblesse de son visage.

La cravate blanche était gracieusement serrée autour du cou, et le jabot, neige aux plis de soie, descendait en s'éparpillant sur sa poitrine.

Il était vêtu avec un goût exquis.

Mais, par un rare privilége, c'était lui seul et non son habit qui émerveillait le regard ; il eût rougi de paraître riche comme un financier ; il ne tenait qu'à paraître beau comme un grand seigneur.

Il n'avait pas encore franchi cette limite qui sépare l'homme mûr du vieillard ; il ne voulait pas la franchir.

C'était un de ces rares débauchés qui déjouent tous les calculs et toutes les prévisions des moralistes ; qui avancent dans le vice et dans l'âge, frais, gras, fleuris ; que les excès ne tuent pas, mais qui parviennent, au contraire, à tuer les excès, à l'aise dans leur dépravation comme des grives dans un champ de raisin, joyeux et impunis à dégoûter de la vertu et à faire tomber la bêche des mains d'un trappiste.

De ces hommes il en est bien peu, mais on en compte cependant.

Le duc de Noyal-Trefficau était de ce nombre ; il promettait de vivre cent ans, au grand scandale de la chrétienté et à l'ébahissement profond des bonnes gens, qui, bien que prévenus des tourments réservés au crime dans l'autre monde, ne sont pas fâchés néanmoins de le voir châtié dans celui-ci.

La vertu trouve bien mieux son édification et ses arguments, par exemple, dans la caducité repoussante du duc de Richelieu, spectre fardé, moitié chair et moitié onguent, qui ne se promenait que bardé de rouelles de veau, pour s'entretenir dans une vivifiante chaleur, et que les pères de famille pouvaient au moins montrer à leurs enfants en leur disant : « Tels sont les funestes effets de l'intempérance et du libertinage ! » Avec le duc de Foyal-Treffléan, la morale en action en est pour ses frais de maxime, et, pour notre part, nous sommes vraiment fâché que le personnage odieux et méprisable de cette histoire ait cette fleur de santé, ce port majestueux et calme, cette force et cet esprit que la justice divine devrait seulement réserver à l'honnête homme.

Par malheur, je ne suis que l'historien d'une époque et le peintre d'un gentilhomme véridique.

Le duc de Royal-Treffléan s'assit à la place qui était restée vide depuis le commencement du repas, et il se trouva justement en face de la marquise de Perverie.

Il la regarda curieusement et attentivement, comme il savait regarder ; de ce regard savant, effronté comme un baiser, âpre comme un instrument de chirurgie, voyageur comme une puce.

La marquise soutint tranquillement ce regard.

Il en fut surpris.

Une fois assis, le duc recueillit les compliments sans fin que lui valait son entrée originale, et il ne s'occupa plus qu'à regagner le temps perdu.

Il mangea comme un poëte du temps

de Willon; il but comme un musicien de tous les temps.

Grimod de la Reynière le regardait faire avec une admiration qui allait jusqu'à l'attendrissement.

Ce souper tant de fois interrompu se remit donc en marche avec une furie nouvelle, comme une diligence dont on a fermé les portières et qui roule sur une pente rapide.

Il semblait que cette incident dût être le dernier.

Les bougies étaient rallumées toutes, l'orchestre invisible revenait graduellement à des sentiments meilleurs exprimés en plus harmonieuses cadences.

Les services se succédèrent toujours de plus en plus somptueux ; les vins se reprirent de babil charmant et de charmant éclat ; il y en avait de roses qui brillaient langoureusement, il y en avait d'écarlates qui grondaient sourdement au fond du verre, brillants et orgueilleux.

Les vins ont des œillades comme les femmes, et à une certaine heure, on se grise rien qu'à les voir.

Ce souper alla ainsi jusqu'à travers vingt quatre services.

Quand au dessert, ce fut quelque chose d'olympique et de transcendantal.

On donna de la grâce et du mouvement à ce service en couvrant la table de miroirs, sur lesquels des sables diversement coloriés figuraient d'élégants parterres.

Des arbustes véritables portaient des fruits confits à leurs branches

Et, pour compléter l'illusion, toute une

société de petits personnages en sucre se promenaient sur un boulingrin émaillé de fleurs.

Mais l'ornement principal de ce dessert, et celui qui souleva le plus de transports laudatifs, ce fut un colossal morceau d'architecture candie, représentant le festin de Trimalcion, d'après Pétrone.

Les colonnes, les chapiteaux, les corniches, tout était d'une pureté de profil remarquable.

Drapées avec vérité, les figures étaient

composées avec une excellente pâte d'amande.

Ce surtout, qui était alors une nouveauté pittoresque, occupait trois pieds de longueur sur vingt pouces de large et trente d'élévation.

Sur d'autres plans, l'œil considérait avec complaisance des montagnes de nougat, des cloches de sucre filé et toutes ces inventions de la friandise-*collifichet*, qui élèvent le pâtissier à la hauteur d'un artiste.

Est-il besoin de mentionner ces fruits

en pyramides, ces fromages fouettés et panachés, glacés et cannelés, ces petits paniers en feuilletage garnis d'une crème cuite à la pistache et bordés tout autour de feuilles de fleur d'oranger pralinées, ces biscuits, ces macarons, ces massepains, innombrables délices de l'œil, du goût et de l'odorat? Ne dois-je pas craindre de faire venir l'eau à la bouche du lecteur, et ne convient-il pas de mettre quelque discrétion dans cette nomenclature pour ne pas trop humilier les modernes amphitrions?

Il était une heure du matin.

La chaleur des vins, des haleines et des flambeaux suffoquait.

On fut obligé d'ouvrir les fenêtres toutes grandes.

Alors la lune entra, claire entre les arbres noirs, la lune des nuits d'été ; elle regarda manger ces hommes et ces femmes, elle parut y prendre du plaisir.

Ce n'est pas tout.

A l'instant le plus animé, Grimod de la Reynière approcha une allumette à *la fleur d'orange* du festin de Trimalcion ; le feu se communiqua à une mèche soigneusement cachée. Aussitôt le temple se couvrit de feux odorants, mille gerbes s'élancèrent au plafond, un chœur de petites étoiles rouges, bleues et jaunes dansèrent au-dessus de la table. Pour ne pas effrayer les femmes, Grimod eut le soin de prévenir que ces étincelles, malgré leur vivacité, étaient tellement innocentes que les tissus les plus légers n'en recevaient aucun dommage.

Ce spectacle inattendu obtint beaucoup de succès; et à dater de ce jour, l'introduction de la pyrotechnie dans les desserts fut presque universellement admise;

tous les pâtissiers s'empressèrent d'adapter des feux d'artifice à leurs décorations.

Le souper était enfin arrivé à son apogée : c'était l'heure béate et brillante où l'on renverse voluptueusement la tête, où l'on donne congé à sa pensée, où l'on jette la bride sur le cou de sa parole.

Il y a de l'or au fond des yeux.

Les lèvres s'entr'ouvrent, grasses et pourprées, encadrant le sourire.

On est heureux sans savoir pourquoi

et surtout, cela est le plus curieux, sans savoir de quoi ; mais on est heureux, heureux de partout et de tout, heureux de la beauté de sa voisine aussi bien que de la laideur de son voisin, heureux du silence et heureux du bruit.

Quand on y réfléchit bien, c'est humiliant pour l'homme et pour ce qu'on appelle le bonheur. Ce qui résulte à peine d'un travail austère et du pénible accomplissement d'un devoir, quelques gorgées le donnent aussitôt, et le donnent complétement, absolument. Il est un degré tel où les joies ivres et les joies à jeun, où le bonheur probe et le bonheur vicieux se rencontrent et se font semblables. Quelle chose méprisable et facile est-ce donc, ce bonheur, si le premier venu peut l'acheter en fiole, tromper les autres et se tromper lui-même, et cela autant de fois qu'il le veut ; s'il lui est loisible à son gré, de se procurer l'idée riante et l'épanouissement divin, de colorer sa joue, de dilater son cœur, de s'ordonner la gaieté et de s'obéir ponctuellement ?

Pourquoi Dieu a t-il permis que l'homme découvrît le ressort qui fait jouer en lui le contentement parfait et commandât impunément à son intelligence de la même façon qu'il commande à son corps ?

L'ivresse est-elle une permission ou une conquête ?

Quoi qu'il en soit, les convives de Grimod de la Reynière en usaient largement, avec plénitude, sans remords.

L'hôte se leva, et étendant son verre :

— A la santé de M. le duc de Noyal-Treffléan ! s'écria-t-il.

Tout le monde acclama.

Après le choc des verres, et lorsqu'il se fut incliné, voici ce que le duc répondit :

— Eh bien! oui, vous avez raison; à ma santé! A la santé de tous ceux qui vivent bellement et grandement! A ma santé! Car j'ai dompté l'existence ; de ce cheval hérissé et sauvage j'ai fait un palefroi gracieux, que je mène et qui m'obéit.

A ma santé! Je suis la force, l'insolence, la richesse, la joie altière et souveraine.

Je suis le vice logique et rayonnant.

Au temps du paganisme, j'aurais eu trente coudées.

J'ai manqué mon coup, je suis venu trop tard.

J'étais né pour être dieu de l'Olympe ou roi de Juda, satrape ou sybarite, consul ou sultan.

Ce qu'il me fallait, c'était la pourpre de Tyr et les parfums de l'Asie, un flacon de Massique dans la poitrine, une couronne de fleurs sur la tête, et la queue de mon chien coupée. Il me fallait un siècle de marbre et non un siècle de bois, de grands palais se profilant sous de grands cielsbleus, des sallesimmenses où j'eusse du moins eu la place de trainer mon ombre monumentale.

J'étouffe, j'étouffe dans nos mœurs de nains et dans notre monde resserré! C'est ce qui fait que j'enfonce les portes de mes poignets nerveux et que je vais au delà.

Au delà, c'est le cri des hommes puissants.

A ma santé! J'appartiens à une race qui compte parmi ses ancêtres Nemrod, Salomon et Tarquin, âmes géantes auxquelles il faut des corps géants, et dont les descendants décroissent de jour en jour, broyés entre les murailles sans cesse rapprochées d'une société qui manque d'air.

Moi, j'ai mis les pieds sur la société.

Là où les autres s'arrêtent et font un détour, j'enjambe.

Toutes mes facultés, physiques et morales, je les ai élargies, outre mesure ;

faut-il vider la botte de Bassompierre, pleine de vin jusqu'au bord?

A ma santé! Que ma vie soit toujours un vaste fleuve roulant l'or, les chants, les fleurs arrachées au rivage! Que je vive toujours dans mon impénitente volupté, debout comme à présent; que je vive pour les larges soifs, pour les fêtes moqueuses, pour les délires de toute sorte, pour les chimères réalisées, pour les désirs sans frein et les jouissances sans mors!

Le ciel m'a donné une âme à bail, je ne veux la lui rendre qu'après en avoir exprimé tout ce qu'elle contient de pensées mystérieuses, impies, cachées, audacieuses, insensées !

Mon existence aura été un concerto de toutes les passions élevées à leur dernière puissance, où chaque note aura fourni son volume de son le plus excessif, où les cordes des violons auront été tendues à se rompre. Cela aura été beau et cela aura été entendu de loin.

Souvent je m'admire.

Autour de moi se groupent les amours et les éclats de rire interminables; à mes

pieds se roulent, dans les plus humbles
et les plus ravissantes contorsions, toutes les joies de ce monde, toutes les
opulentes fantaisies, tout ce qui s'achète,
se donne, se prend ou se trouve.

Ce globe est à moi.

Je m'y empare à mon gré de tout ce
qui m'y plaît, j'y mets les deux mains et
on me laisse faire.

A ma santé, à ma santé donc ! Je suis
un des rois de ce siècle, car je fais peur
et envie ; là est mon double secret. Où
vais-je ainsi ? je n'en sais rien.

Où va-t-on derrière moi, peu m'importe.

Rien ne me résiste, rien ne me fait hésiter, ni les mains jointes, ni les éclairs de l'épée nue.

Je suis roi, bien roi! Ma couronne est scellée à mon front, et, pour la faire tomber, il faudrait faire tomber ma tête avec elle.

A la façon des triomphateurs de jadis, sur le passage desquels se courbaient des milliers de genoux, j'ai lancé mon char à travers les sillons humains; et tous les regards flamboyants du peuple écrasé ne sauraient monter à mon visage ni retarder d'un instant ma course exagérée.

Ces paroles qui tenaient à la fois de l'ode et de la malédiction, on les écouta en silence, presque avec terreur.

Toutefois, on applaudit longuement.

— A boire! dit ensuite le duc Noyal-Trefllé*n en tendant son verre à l'un des jeunes gens qui se tenaient derrière lui.

Celui-ci hésita un moment, regarda le

duc de travers, et, jetant loin de lui le flacon qu'il avait à la main, il répondit :

— Non !

Le duc se retourna pour le voir en face.

Il s'était fait un silence de stupeur.

C'était un jeune homme en costume d'éphèbe ; sa tête s'élevait, pâle et triste, sur sa robe blanche ; ses cheveux noirs tombaient sur ses épaules nues.

Tout à l'heure, c'était lui qui regardait

avec tant de flamme la marquise de Perverie. En présence de tous ces yeux, il resta immobile.

Puis fiévreusement, il arracha le bandeau doré qu'il avait au front, déchira sa robe et murmura sourdement :

— Je ne veux pas demeurer ici un instant de plus. J'ai honte et j'ai peur. Vos parfums me brisent la tête et me dévorent les yeux ; je ne sais plus où je suis ; vos rires me donnent envie de pleurer, et mes pleurs me rendent furieux. Ce que vous dites, je ne veux pas l'entendre ; ce que vous faites, je ne veux pas le voir.

Toutes mes idées se troublent au milieu de vous.

Je sens chanceler ma raison.

Laissez-moi partir.

Ces vêtements de comédien m'indignent et m'entrent dans les chairs comme une tunique empoisonnée.

Grimod de la Reynière se leva.

Le duc de Noyal-Treillican le contint avec un sourire.

— Non, laissez-le dire ; il m'a causé une minute de surprise dont je lui suis reconnaissant. D'ailleurs, je puis fort bien me verser à boire moi-même.

Prenant un flacon des mains d'un autre laquais, il se gratifia d'une rasade royale qu'il vida lentement et jusqu'à la dernière goutte.

L'éphèbe était toujours debout.

— As tu tout dit? demanda le duc après qu'il eut posé son verre.

— Pas encore, répondit-il en relevant son regard sombre; mais si vous êtes curieux de savoir le reste, moi aussi la parole me tourmente, car l'indignation a son ivresse, et les larmes emplissent le cerveau à leur tour. Les larmes, c'est le vin de la douleur. Je vous ai trop longtemps regardé boire sans que vous m'ayez regardé pleurer. Et puis, du reste, comme vous dites, cela est divertissant de voir de temps à autre sortir un bon flot de haine du cœur d'un homme. Moi, je ne suis qu'un enfant. Écoutez pourtant, si cela vous amuse. Vos paroles ne sont pas seulement barbares et ridicules, elles sont folles de la pire folie, de la folie aveugle. Oh! vous ne m'effrayez pas, je n'ai pas peur, je ne tiens à personne ; derrière moi il n'y a pas une miette d'affection ; je ne dois rien à la société, au contraire ; une fois par hasard je peux donc dire ce que j'ai sur le cœur. Allez, ce n'est pas un métier d'homme que vous faites ici, et, si bas que je sois à vos pieds, je me trouve encore plus haut que vous en ce moment. Versez-vous donc à boire, M. le duc !

Puis s'adressant à tous :

— Oui, buvez, buvez! Devenez pâles, ivres, balancés, abandonnés! buvez, et que le torrent de l'ivresse charrie vos raisons perdues! Que le vin coule désordonnément dans votre corps, faisant la chasse à votre âme, à votre tête, à tout ce qui vit et qui palpite en vous! Par ici, par ici, boisson vengeresse, entre bien partout: tue ce souvenir, éteins ce regret, ne laisse pas un de leurs sentiments debout! Buvez, buvez encore, et tant que vous pourrez boire. A votre santé! O mon Dieu! penser que la plupart de tous ces hommes ont chez eux le baiser d'une femme ou d'une sœur qui les attend! De tous ces gentilshommes, pas un qui ne pourrait, s'il le voulait, passer heureusement sa soirée sous les ombrages de son parc ou à la fenêtre de son château, la main dans les cheveux de son enfant! Dire que les voilà tous, s'attachant à bien dissiper le peu de cœur qu'ils ont, ne voulant ni de la tendresse, ni de la rêverie, ni du ciel, ni rien de ce qui est bon, suave et simple! Ils ne craignent donc pas qu'un jour la justice divine ne leur demande : « Qu'avez-vous fait de la force et de l'intelligence que je vous ai départies? » Hélas! ils en font de la débauche, de l'oubli, des rubans tachés de vin, de folles actions et de lâches discours. Tenez, vous me donnez le vertige. Et lors que, non contents de vous dégrader, de vous anéantir vous mêmes, je vous vois encore ouvrir vos belles mains blanches pour en souffleter la maigre joue du peuple, ce n'est pas même de la colère que je ressens, c'est une grande pitié pour vous, mêlée à une grande terreur!

Alors il se tut.

— Duc, est ce que vous ne reconnaissez pas ce drôle ? dit Grimod de la Reynière d'un bout de la table à l'autre.

— Ma foi, non ! L'aurais-je vu déjà en autre lieu ?

— Regardez-le bien au front; n'apercevez-vous pas une marque, une cicatrice, comme qui dirait un accent circonflexe?

— En effet.

— Consultez vos souvenirs. Rappelez-vous cette visite que nous fîmes ensemble à l'hospice des Enfants trouvés.

— Il y a trois ans !

— Juste ! dit Grimod de la Reynière.

— Eh bien? demanda curieusement le duc de Noyal-Treffléan.

— Eh bien! n'avez-vous pas mémoire d'un jeune garçon dont la physionomie studieuse nous frappa?

— Et que vous recueillîtes dans un élan d'humanité contre lequel je m'élevai de toute ma raison?

— Précisément.

— Il se nommait, je crois...

— EMILE.

— J'y suis tout-à-fait maintenant, fit le duc ; ainsi donc ce maraud, qui voudrait aujourd'hui nous tuer de la parole et nous brûler du regard, n'est autre... Que cet enfant trouvé.

Le duc de Noyal-Trefficau éclata de rire ; l'assemblée tout entière en fit autant.

Celui qui portait ce nom d'Emile montra son front, beau sous les larmes, et eut cette réponse :

— Enfant trouvé ! c'est la première fois que je suis glorieux de ce titre, car il n'est personne ici que je ne rougirais d'appeler mon père !

— Va-t-en ! je te chasse ! cria Grimod.

Mais comme il allait sortir, il entendit s'élever une voix qui lui dit :

— Venez demain, à mon hôtel, faubourg du Roule.

Emile tressaillit ; et, s'inclinant, il baisa

respectueusement un pan de la robe de celle qui venait de prononcer ces mots.

C'était la marquise de Perverie.

# CHAPITRE CINQUIÈME.

V.

L'agonie du XVIII<sup>e</sup> siècle. (*Suite.*)

Le lendemain de ce souper mémorable, et dont toutes les gazettes, Gazette bleue, Tableau mouvant de Paris, Mémoires secrets, s'emparèrent pour en faire un conte des Mille et une Nuit; le lendemain, disons-nous, vers les huit heures du matin, trois petits coups secs frappés sur les contrevents encore fermés éveillaient le bon docteur Palmézeaux dans son domicile.

Comme on le sait déjà, il occupait sur le quai des Augustins une grande boutique quoiqu'il ne vendît rien du tout; mais ce local de plain-pied était favorable à ses travaux mystérieux.

En entendant frapper contre la devanture, présage d'une visite qui lui parut un peu matinale, le docteur Palmézeaux s'enveloppa à la hâte d'une douillette couleur souris qui trotte, et passa sa tête sans perruque à travers un petit œil-de-bœuf pratiqué dans le haut d'un volet.

Cependant l'inconnu, qui n'était pas au fait de ces préparatifs, s'était mis à frapper derechef.

— Eh bien ! eh bien ! prononça le docteur mal éveillé, à qui en avez vous donc de la sorte, brave homme ?

En apercevant cette digne figure dans ce cadre improvisé, l'homme ne put s'empêcher de sourire.

— Daignez tourner votre prunelle un peu plus de ce côté, *doctus doctor*, dit-il en reculant de quelques pas.

— Oh! oh! attendez donc... je ne me trompe point... vous êtes mon homme d'hier soir. Parbleu! soyez le bienvenu.

Et le reste de cette phrase, commencée à la lucarne, s'acheva dans les profondeurs de la boutique, tant l'estimable Palmézeaux mit d'empressement à venir tirer les verrous de la porte.

— Ma foi, vous êtes de parole, fit-il en

se présentant d'un air à la fois épanoui et curieux.

— Est-ce à dire que vous ne comptiez plus sur ma visite? reprit l'autre légèrement goguenard.

— Bon! je ne dis pas cela... mais entrez donc, entrez donc...

Ainsi qu'un héros de tragédie, le docteur avait les jambes nues sous sa douillette, drapée à l'instar de chlamydes, insuffisantes comme elles.

Néanmoins il prit le temps de retirer

un ou deux volets, afin de laisser pénétrer la clarté du jour à l'intérieur.

Une fois entré, le visiteur se plongea sans façon dans l'unique et solennel fauteuil de la pièce, pendant que le médecin s'empressait de compléter sa toilette au fond de l'arrière-boutique.

Cet hôte déjà prévu, et avec lequel il importe que nous fassions connaissance sans plus tarder, l'étrange serviteur que nous avons vu à l'œuvre la veille, l'individu au plat d'argent et aux paroles énigmatiques, n'était autre que ce personnage dont le singulier emploi a été défini dans le prologue de cette histoire.

Ce n'était pas précisément l'homme de peine de M. le duc de Noyal-Treffléan, c'était au contraire son homme de plaisirs, le Lebel de cet autre Louis XV, le machiniste souterrain de ses distractions véhémentes.

Il s'appelait François Soleil. Sans être rebutante, sa physionomie offrait un ensemble de vulgarité contre laquelle luttaient désespérément deux yeux pleins d'intelligence et une bouche aussi éloquente que les yeux. A en juger par les lignes profondes de son visage, le chapitre réservé des passions de cet homme, passions tombées de la table de son maître, devait être d'une nature particulière.

Il eût été difficile de clouer un âge à ce front, sans empleur comme sans bassesse, dépoli, mais non ridé.

N'ayant jamais été jeune, il espérait n'être jamais vieux. Mais sur ce masque de rustre diplomate se lisait une vie ardente et dissimulée avec effort, toute d'envie refoulée et de désirs incomplétement assouvis.

Vivant au milieu des excès qu'il suscitait pour autrui, il semblait un Tantale de nouvelle espèce apprêtant lui-même les fruits de la table mythologique à laquelle il sait qu'il ne doit point s'asseoir. Et pourtant il avait faim de deux appétits, de l'appétit de son maître d'abord, et ensuite de son appétit à lui, François Soleil !

Au bout de cinq minutes, le docteur Palmézeaux reparut, nouant sur ses genoux les boucles de sa vieille culotte de velours, et assujettissant avec une certaine crânerie les deux ailes de sa perruque moitié poudre et moitié graisse.

— Voilà qui est fait! Et maintenant, mon cher monsieur, je suis tout à votre service.

Docteur, vous vous méprenez ; c'est moi qui demeure absolument au vôtre, dit le nouveau venu.

Enfin, peu importent les termes, reprit le médecin ; causons !

— C'est cela; causez d'abord, je vous écoute.

L'honorable docteur était visiblement embarrassé; il chercha aux alentours de

son oreille une démangeaison absente ;
enfin il poussa un profond soupir.

— Quand vous voudrez... dit M. Soleil attendant toujours.

Eh bien!... Mais... Ne veniez-vous pas me demander quelque chose?

— Distinguons, docteur ; ne vouliez-vous pas m'offrir quelque chose ?

— Vous avez raison. Je suis si troublé... Il faut vraiment que la nécessité m'y pousse... J'ai tant besoin d'argent !

— D'argent ?

Et M. Soleil, en répétant ce mot, essayait d'en lire à l'avance la signification sur le visage du médecin. Mais la bénégnité parfaite de cette physionomie déroutait toutes ses suppositions.

— Venez, dit le docteur Palmézeaux d'un air de mystère, et comme s'il se fût décidé à l'accomplissement d'un grand acte; suivez-moi.

Il remua deux ou trois clefs dans sa poche et précéda son visiteur de plus en plus intrigué.

Dans l'arrière-boutique où ils pénétrèrent tous deux, le carreau était encombré d'un amas de livres rances, ternes, jaunâtres, recroquevillés, plus répugnants à voir et à humer qu'une collection du Journal du Trévoux, qui constitue, comme on le sait, le paradis du rat.

— Voilà ma bibliothèque, prononça le docteur Palmézeaux avec une certaine velléité d'orgueil.

— Ah! ah!

— De bien bons livres, ajouta-t-il, et tous bien chers.

— Vraiment, dit M. Soleil en jetant un coup-d'œil dédaigneux sur les bouquins.

— Vous plaît-il d'examiner les titres de quelques-uns ?

— Bah !

Mais déjà, sans attendre une réponse, le docteur avait saisi au hasard quelques-uns des volumes les plus hérissés d'aspect.

— Celui-ci, c'est Gongman, ou l'homme prodigieux transporté dans l'air, sur la terre et sous les eaux... Cet autre, tout etit, mais fort rare, ce sont les Contredits des songes-creux, par Pierre Gringore; puis l'histoire des imaginations extravagantes de M. Oufle, causées par la lecture des livres de magie...

— C'est bon, mais...

Les Hommes volants, en deux tomes; l'Eénopogonéritrée, ou Éloge des barbes rouges; le Peloton de théologie... Enfin, Bringuenarilles, cousin germain de Fesse-Pinte, ou voyage du compagnon à la bouteille.

— Passez, docteur, passez.

— Ceci est le dictionnaire de métempsycose... puis le Traité sur l'emploi du mot VASTE... Cela, ce sont les Aventures du prince Tricolore chez les Sub-Ondines du fleuve de Gambie... Voici maintenant le voyage dans mes poches ; et puis encore...

Mais M. Soleil, lui frappant sur l'épaule :

— Un autre jour, mon cher docteur, nous examinerons tout cela à loisir ; aujourd'hui vous savez ce qui m'amène.

— C'est juste, dit le savant en replaçant à terre plusieurs in-folio dont il avait les bras surchargés avec amour.

Et se redressant, il guida son interlocuteur dans une troisième pièce qui tirait sa lumière d'une cour étroite et maussade en forme de puits.

— Nous sommes dans mon cabinet, articula-t-il avec respect, ou plutôt dans mon laboratoire : c'est ici que loin des regards profanes j'accomplis mes expériences, grandes et petites.

Le magasin d'un docteur Faust ou d'un Paracelse eût pu seul offrir une idée de l'étrange et malpropre confusion qui régnait dans cet habitacle.

Les rayons étaient envahis d'une armée capricante de cylindres, de fioles aux becs variés, de métaux de toute couleur et de paquets de drogues qui saisissaient l'odorat.

A travers ces aspirations multiples, fuyantes, criardes, plaintives, et si cruellement en opposition, un poëte allemand n'eût pas manqué d'écrire le Ballet des Odeurs, pour le théâtre impossible d'une principauté imaginaire de l'Allemagne.

— Hein? s'écria le docteur en se retournant vers M, Soleil, comme pour provoquer son admiration.

—

Mais celui-ci se sentait évidemment mal à l'aise au milieu de cette atmosphère faite par des hommes spéciaux, épris de science jusqu'à la gorge.

— Oui, oui, c'est très beau, certainement, mais ce n'est pas ici, je pense, que nous devons avoir notre entretien.

— Avez-vous vu mes deux cyclopes?

— Quels cyclopes?

— Et mon colosse ?

— De quel colosse parlez-vous ?

— Du colosse que j'ai formé et que j'élève, parbleu !

M. Soleil toussait.

— Mes cyclopes ont encore leurs deux yeux, il est vrai, continua le docteur Palmézeaux, mais dans quelque temps j'espére qu'ils n'en auront bientôt plus qu'un.

M. Soleil s'agitait en faisant la grimace.

— Mon colosse n'est encore qu'au berceau ; mais il est certain qu'il ne peut manquer d'atteindre graduellement un développement gigantesque préparé par mes soins.

M. Soleil piétinait.

— Je vous en prie, docteur, laissez la votre colosse et vos cyclopes, et songez à ce qui m'amène.

— Volontiers.

— D'abord, sortons d'ici.

— C'est ce que j'allais vous proposer, dit le médecin en soulevant une trappe.

— Qu'est-ce que vous faites? demanda M. Soleil étonné.

— J'ouvre la porte de sortie.

Venez.

— Où cela?

— Venez, vous dis-je, il vous reste encore d'autres choses à connaître.

— Mais, docteur, vous me menez à la cave.

— Je le sais bien. Venez toujours.

M. Soleil, poussé par la curiosité, se décida à le suivre, bien qu'en grommelant.

— A quoi diable aboutiront tous ces préliminaires, pensait-il.

Ils descendirent ainsi au fond d'un caveau assez bas, mais spacieux et frais, et qui était éclairé par deux soupiraux ouvrant sur le quai.

Cette fois ce fut une odeur de comestibles qui s'empara du nerf olfactif de M. Soleil.

Cette cave n'était en effet qu'un garde-manger.

D'énormes fromages hollandais et normands en garnissaient les parois ; des buissons d'artichauts s'échaffaudaient dans les angles ; on remarquait, pendus par les pieds, deux ou trois coqs vierges, célibataires de nos basses-cours, qui doivent à leur continence le goût et le parfum qui les distinguent éminemment des chapons.

Le reste des provisions se composait de fruits secs et de salaisons, telles que anchoix de Nice, morues vertes et harengs de Flandre.

— Ah çà! s'écria M. Soleil, je tombe d'un gourmand chez un autre. Tudieu! docteur, il paraît que vous apportez des soins tout particuliers à votre nutrition.

— Oh! oh! ce n'est pas pour moi, dit le docteur avec un rire d'humilité.

— Et pour qui donc?

— C'est pour mes mégalanthropogénésiens.

— Comment dites-vous cela ?

— Je dis mégalanthropogénésiens... de mégalanthropogénésie ou l'art de procréer de grands hommes.

— Vous procréez de grands hommes.

— Certainement.

— Mais encore, dans quel genre ?

— Dans tous les genres et au choix. Voulez-vous des mégalanthropogénésiens guerriers ou savants, un Alexandre ou un Newton? Je peux vous en montrer. J'ai des mégalanthropogénésiens musiciens et poëtes, sculpteurs et peintres, navigateurs et médecins. Tel que vous me voyez, en ce moment je m'occupe à former un mégalanthropogénésien de l'ordre des voleurs ou bandits, destiné à lutter avec les modèles du genre, et qui surpassera un jour, j'en suis certain, les plus célèbres malfaite.. s, tels que Mandrin et Cartouche. Mais, comme vous le pensez bien, ceci n'est qu'un pur article de curiosité et de fantaisie.

— Je comprends, dit M. Soleil, qui ne comprenait pas.

— Prévenez-moi quand vous voudrez avoir un mégalanthropogénésien ?

— Je vous remercie.

— Ou une mégalanthropogénésienne.

— Fort bien.

— Il ne s'agit absolument que de faire suivre un régime dont je possède seul le secret.

— Et quel régime peut faire devenir... ce que vous dites? demanda M. Soleil.

— C'est le chef-d'œuvre de la chimie, répondit l'excellent docteur.

Il faut pendant six années, ne vivre absolument que de cresson, d'escargots et de chardonnerets, variés de huit jours en huit jours par le bon potage connu sous le nom de potage à la jambe de bois.

Quand on a suivi rigoureusement ce régime, il devient nécessaire de se baigner dans du lait tiède, durant trois mois, tous les trois jours, pendant trois heures, en ne prenant d'autre nourriture que des hannetons en salade, que l'on a soin de mettre sous de la glace, afin qu'ils durent les trois mois.

Ce laps de temps écoulé, on doit se substanter encore une année entière de raves plates des Vosges, avec force vers luisants accommodés à la sauce aux tomates, et une bouillie de crème au riz tous les soirs.

Après ces différents régimes, on passe vingt-quatre heures à boire, de quart en quart, de l'eau de source édulcorée avec du miel des Iles Philippines ; c'est le dernier article à suivre, jusqu'à l'âge communément désigné sous le nom d'âge de raison.

Pendant que le docteur Palmézeaux parlait ainsi, François Soleil le regardait attentivement dans les yeux, étourdi de ce qu'il entendait, et cherchant vaguement son chemin au milieu de ces paroles entrelacées et déraisonnables. A la fin, se rappelant le sujet primitif qui l'avait appelé en ces lieux, il se fatigua de prêter son attention à ces sornettes sérieuses, et frappant du pied sur le sol gras et noir du caveau :

— Au nom du ciel, docteur, quittez pour un instant vos dissertations ; venons-en au but. Vous m'avez donné rendez-vous; me voici, qu'est-ce que vous me voulez ?

A son tour le docteur Palmézeaux ouvrit les yeux avec un grand étonnement.

— Eh bien ! mais... Est-ce que je ne vous l'ai pas dit ?

Ces mots furent prononcés avec une telle vérité de candeur, qu'ils coupèrent bras et jambes à M. Soleil.

Sans s'en apercevoir le docteur poursuivit :

— Je veux vous faire participer à l'œuvre immense et glorieuse des mégalanthropogénésiens dans la limite de vos moyens pécuniaires, c'est-à-dire en vous instituant le banquier de cette entreprise scientifique. Qu'en pensez-vous ?

Et il se campa sur ses hanches comme un homme content de lui-même.

M. Soleil ne répondit pas, mais il fit entendre un gémissement plaintif.

— Eh bien? reprit le docteur qui attendait une réponse.

— Si nous sortions de cette cave? murmura son interlocuteur.

— Pas encore, mais asseyez-vous sur ce fromage.

M. Soleil s'assit sur un fromage.

Il avait l'air d'un patient. Il n'écoutait plus.

— J'ai besoin de beaucoup d'argent pour mes expériences ; vous le concevez facilement ; je compte sur vous ; et, en échange, je vous livrerai ce que je vous ai promis.

Exaspéré et ouvrant impétueusement les bras, M. Soleil cria de toutes ses forces :

— Mais encore une fois docteur, vous ne m'avez rien promis ! rien ! rien !

— Croyez-vous ?

— Mais je le jure sur la tête de vos

cyclopes, de vos colosses et de tous vos monstres en général!

— C'est singulier. Alors il faut reprendre plus haut. Combien payeriez-vous, par exemple, la connaissance d'un secret de M. le duc?

— D'un secret?

— Ou d'un mystère, comme vous voudrez.

— J'entends bien, dit M. Soleil, attentif, et se grattant le nez d'un air réfléchi.

— Eh bien ?

— Dame ! mon cher docteur, cela dépend du mystère ou du secret.

— Allons, allons, je vois que vous me soupçonnez ; peut-être croyez-vous qu'il s'agit d'une niaiserie, d'une peccadille sans importance. Détrompez-vous, le secret dont je parle est sérieux et surtout plus fertile que vous ne l'imaginez.

— Vraiment?

— En l'exploitant avec adresse, vous en avez jusqu'à la fin de vos jours.

— Oh! oh!

— Et il faut tout mon amour de la science, croyez-le bien, pour me décider à vous le livrer entièrement. Mais la science a ses nécessités.

— Sans doute, sans doute... Enfin ce secret? demanda M. Soleil avec un empressement où perçait néanmoins une pointe de méfiance.

— Voilà ce que c'est: Le 3 mai 176., à onze heures et demie du soir........

M. Soleil dressa l'oreille.

— ... Ou onze heures trois quarts, M. le duc de Noyal-Treffléan était dans un hôtel de la rue Plâtrière, où l'avait fait demander une actrice qu'il honorait, je crois, de sa noble protection.

— La Clarendon, n'est-ce pas ?

— Précisément.

M. Soleil frappa sur sa cuisse.

— Ah! docteur, s'écria-t-il, quel regret venez-vous de réveiller! C'est le seul jour où ma police ait été mise en défaut.

— Votre police?

— Mais continuez.

— Ce jour donc, reprit le docteur Palmézeaux, ou plutôt cette nuit, à l'heure que je viens de vous indiquer, M. le duc, qui avait renvoyé sa voiture, sortait de l'hôtel par une porte dérobée, emportant sous son manteau un enfant qui venait de naître et qui était le sien.

— Le sien!

— Ou pour mieux dire la sienne, car

c'était une fille. Pauvre petite, je crois la voir encore, doucement endormie dans les bras de son père, qui lui chantait, en marchant, des chansons aux oreilles. Il faisait un orage épouvantable : Paris passait à la lessive. Même je me souviens que cette nuit-là je gagnai un gros rhume de cerveau. Pourtant vous n'eussiez pas reconnu M. le duc, tant il était allègre ; il sautait les ruisseaux plutôt qu'il ne les enjambait. La petite dormait toujours. Moi j'éternuais à briser les reverbères, et je crois vraiment, mon cher M. Soleil, qu'il n'y a que les grands seigneurs au monde pour ne pas s'enrhumer quand il pleut. Q'en croyez-vous ?

— Après ?

— Après, il déposa sa fille à la maison des Enfants trouvés, et tout fut dit.

— Aux Enfants trouvés !

— D'abord cela m'étonnna, mais après quelques réflexions, je finis par comprendre la haute sagesse de cette mesure.

M. le duc de Noyal-Treffléan est un bon père, me dis-je ; il n'a pas voulu exposer sa fille aux séductions d'un monde élégant et pervers.

En lui cachant sa brillante origine, il a prétendu écarter de son âme la paresse et l'orgueil, ces deux fléaux de la femme. C'est fort bien pensé. Le duc, en cela, s'est rencontré avec de grands philosophes.

François Soleil n'écoutait plus.

Le coude au genou et la tête dans une de ses mains, il réfléchissait :

— Oui, le voilà bien ! murmurait-il ; je le reconnais à cette action de ténèbres. Insatiable ! insatiable !

Cet homme finira par m'effrayer moi-même...

Puis, relevant la tête et la secouant comme pour en chasser des pensées obsédantes :

— Eh bien! docteur, reprit-il, comment retrouver cet enfant à présent?

Le docteur Palmézeaux le regardait d'un air narquois.

Evidemment c'était là qu'il l'attendait. Ses petits yeux clignotants, sa bouche entr'ouverte étaient remplie d'une malice triomphante.

— Rien de plus simple, répondit-il ; ne suis-je pas le médecin en chef de l'hospice des Enfants trouvés ?

M. Soleil bondit sur le fromage qui lui servait de siége, et l'exclamation de joie qui sortit de sa poitrine fit résonner la cave entière.

— Serait-il vrai ?

— Je savais bien, continua Palmézeaux en souriant, que je finirais par vous intéresser. Vous me preniez sans doute pour un rabâcheur d'histoires, et voilà tout. Vous vous disiez : « Palmézeaux n'est qu'un savant ; Palmézeaux ne sait rien de ce qui se passe dans le monde. » Aussi je vous étonne. Sachez donc que je connais cette enfant comme si c'était ma fille; qu'après l'avoir vu naître, je l'ai vue grandir, que je l'ai presque élevée ; enfin, si j'ose m'exprimer de la sorte, que j'ai eu l'honneur de lui servir de deuxième père. Ah ! vous m'écoutez à présent. Et si vous saviez la jolie fille que c'est aujourd'hui! C'est le premier visage sur lequel je me suis surpris à regarder autre chose que la maladie ou la santé. Jusqu'alors j'avais tâté le pouls à tout le monde, mais je n'avais serré la main à personne. Elle m'a fait comprendre la grâce et la jeunesse. Croiriez-vous que moi, tête blanche, j'en rêve souvent devant mes alambics? Ses grands yeux se mettent à briller au fond de mes vieux livres et je me retourne quelquefois croyant l'entendre courir. Alors je me fâche contre ma faiblesse et je me dis : « Voyez-vous cet octogénaire à qui le ciel envoie des visions de damoiseau! » Et je me fâche contre le ciel qui me les envoie si tard et qui semble se moquer de moi si doucement. Mais vous ne savez pas comme Trois-Mai est belle!

— Trois-Mai ?

— C'est son nom. Un nom de fleurs et de printemps, le seul nom que je comprenne et que j'ai pu retenir Trois-Mai ! n'est ce pas que cela est joli? Si j'avais une fille, il me semble que je ne l'aurais pas appelée autrement, quand même elle serait née au mois de décembre. Et puis, comme elle ressemble à son nom! même fraîcheur, même suavité, poésie et gaieté semblables. Ah! M. le duc est bien heureux !

— Au moins, est-il venu la voir à l'hospice ?

— Trois fois, pas d'avantage; c'est ce qui m'étonne.

— Seul?

— La première fois, il y a bien longtemps, c'était avec moi, qui l'avais engagé adroitement à visiter cet asile philanthropique; la deuxième fois, c'était avec M. de la Reynière, un de ses amis...

— Et la troisième fois?

— La troisième fois, c'était avant-hier. M. le duc était seul.

— Avant-hier, dites-vous?

— Avant-hier. Il s'entretint longtemps avec le sous-directeur, à ce que l'on m'a dit; il lui remit une bourse pleine d'or, s'il faut en croire les indiscrétions d'un garçon de salle qui m'est absolument dévoué.

— Avant-hier... pensait M. Soleil; cette jeune fille que le duc a suivie si longtemps sous un déguisement d'homme du peuple... ce serait bizarre, en vérité.... Et, dites moi, M. Palmézeaux, dans ses rares visites à l'hospice, monseigneur a-t-il parlé quelquefois à sa fille?

— Jamais !

— Du moins a-t-il manifesté pour elle quelqu'une de ces sympathies que trahissent le regard et le geste ?

— Aucunement.

— Mais encore, a-t-il fait veiller sur son éducation ? Peut-être que des ordres secrets émanés de lui...

— Du tout. Trois-Mai a reçu l'éducation commune à toutes les pensionnaires, et jamais une seule faveur, une seule distinction n'a pu faire soupçonner la connaissance du sang glorieux dont elle est issue.

— C'est singulier !

— N'est-ce pas? continua le bon Palmézeaux ; pour moi, je mets vainement mon esprit à la torture dans le but de pénétrer les projets de M. le duc de Noyal-Trefféan. Ils doivent être d'une nature philosophique toute nouvelle.

— Docteur, dit François Soleil après un instant de réflexion, pourriez-vous me faire en quelques mots le portrait de cette jeune fille ?

— Le portrait de Trois-Mai? Mon Dieu! je ne sais pas si mes souvenirs sont exacts. Je la vois pourtant toutes les semaines, mais c'est son âme que je regarde toujours dans sa figure, et non ses traits Est-ce qu'il y a une autre manière de regarder ceux qu'on aime?

— Enfin, vous devez vous rappeler cependant si elle est brune ou blonde.

— Si je me le rappelle! oh! oui! Elle est blonde, blonde comme un rayon céleste, comme l'épi mûrissant, comme….

— C'est bien cela, se dit tout bas M. Soleil. Et sa taille?

— Sa taille! poursuivit Palmézeaux en proie à une douce exaltation, c'est celle du bouleau flexible, du palmier élancé, de l'arbrisseau qui se balance au gré du zéphir!

— J'entends : une taille moyenne Ses yeux?

— Ses yeux sont ceux des anges!

— Des yeux bleus.

— Mais à quoi bon tous ces détails? demanda le médecin; suivez-moi, allons tous deux à l'hospice des Enfants trouvés; vous la verrez par vous-même, ce qui vaudra bien mieux.

— C'est inutile, dit François Soleil.

— Inutile ?

— Vos renseignements me suffisent et je n'ai pas besoin d'autre chose,

— Vous ne voulez pas voir Trois-Mai!

— Pourquoi faire!

— Dame... je ne sais pas... Cela vous regarde. Après tout, faites à votre volonté, et prenez ce que bon vous semblera de mes révélations.

— C'est fort bien dit, docteur; et pour vous prouver toute ma gratitude, tenez, voici une bourse qui contient cent louis, bien neufs, bien luisants, bien jaunes; prenez-la, et puisse cette somme doter la France d'un couple ou deux de mégalantrhopogénésiens!

Le docteur Palmézeaux tenait la bourse dans sa main.

Il la regardait, il la soupesait.

Il s'en méfiait aussi.

Chez les gens honnêtes, l'argent gagné trop facilement épouvante.

Ses yeux exprimaient une crainte enfantine et le tremblement de ses lèvres trahissait une lutte intérieure.

— Cent louis! murmura-t-il.

Il passa lentement la main sur son front.

— Ecoutez-moi, M. Soleil, reprit-il d'une voix émue, je vous ai dévoilé mes travaux, je vous ai raconté mes espérances. La science n'a pas, je crois, de disciple plus zélé que moi, d'adorateur plus enthousiaste. L'argent que vous m'offrez, je l'accepte, parce que j'espère vous le rendre un jour au centuple. Mais je le refuserais sans hésitation si, de la confidence dont il est le prix, devait résulter tôt ou tard quelque malheur pour ma pauvre Trois-Mai. Je vous ai dit mon inexplicable affection pour cet enfant. Promettez-moi donc (et en parlant de la sorte le vieillard se sentait venir les pleurs aux yeux) qu'il ne lui sera fait aucun mal par vous; promettez-le-moi, je vous en prie, je vous en supplie.

M. Soleil eut un mouvement d'épaules.

— Je vous le promets, dit-il.

— Jurez-le-moi, poursuivit le docteur Palmézeaux en joignant le mains ; jurez-le-moi sur quelque chose de sacré.

— Sur tout ce qu'il vous plaira.

— Eh bien!... sur les mânes de votre mère !...

M. Soleil se leva brusquement.

Il jeta un mauvais regard sur le docteur, puis il reprit la bourse et la mit dans sa poche.

Tout cela sans proférer une parole.

Le docteur le regardait avec surprise en même temps qu'avec effroi.

Une lueur horrible venait de passer devant ses yeux.

Il se demanda tout bas ce que ces deux hommes, ce père et ce valet, prétendaient faire de cette jeune fille.

Il frémit.

M. Soleil se dirigea vers la porte du caveau.

Le docteur le suivit machinalement.

M. Soleil repassa par le laboratoire, par la bibliothèque, par la chambre à coucher, et enfin il se retrouva dans la boutique.

Une fois là, il se retourna vers le docteur consterné.

— Maintenant, lui dit-il, voulez-vous connaître pourquoi j'ai refusé tout à l'heure d'aller voir avec vous la fille du duc de Noyal-Treffléan ?

— Eh bien ? balbutia le docteur.

— C'est que, depuis avant-hier, la fille du duc de Noyal-Treffléan a disparu de l'hospice des Enfants trouvés!

Et sans attendre de réponse, M. Soleil

poussa du bout de sa canne la porte de la rue et s'en alla tranquillement.

Quand il eut fait vingt pas dehors :

— Allons! pensa-t-il, j'ai bien fait de m'assurer l'autre soir de cette fillette que suivait M. le duc!

# CHAPITRE SIXIÈME.

## VI.

L'agonie du XVIII° siècle. (Suite.)

La marquise de Perverie demeurait vers le milieu du faubourg du Roule, qui commençait alors à devenir un quartier à la mode, et qui était déjà un quartier d'argent.

L'hôtel qu'elle occupait était neuf, audacieusement neuf du haut en bas : à cette grande dame apparue d'hier, il avait fallu une maison bâtie d'hier.

Point de ces lourdes tapisseries du temps de la reine Mathilde ; point de ces hautes cheminées à féeries pouvant abriter sous leur manteau blasonné une douzaine de barons frileux.

Tout était riant et clair là-dedans ; les plafonds étalaient leur mythologie fraîchement peinte ; les Cupidonneaux qui gambadaient dans les panneaux en jouant de la flûte étaient de vrais Amours, remuants et vermillionnés, foulant de leurs petits pieds un gazon bleuâtre.

Il faisait bon vivre au milieu de ce luxe jeune et franc, de ces lambris véritablement dorés, de ces beaux meubles qui promettaient de durer des siècles.

Aussi s'attendait-on involontairement à à voir surgir quelque frais et gracieux visage derrière ces portières éclatantes.

Ce logis, où tout égayait et charmait, semblait appeler une jolie femme, de la même façon qu'un flacon de cristal ciselé somptueusement appelle une liqueur superbe.

Emile n'avait pas manqué de se rendre chez la marquise de Perverie, selon l'invitation qu'il en avait reçue d'elle-même au souper de Grimod de la Reynière. Emile était, comme on l'a vu, un beau garçon, fier, plus fier qu'il n'aurait dû l'être, avec des cheveux bruns.

Il était vêtu d'une lévite humble et grise, comme en portaient alors les domestiques.

Sa taille était ordinaire, mais il marchait sans irrésolution, et il portait la tête haute, ce qui était peu commun dans ce temps d'élégante féodalité. Lorsqu'il se présenta à l'hôtel de Perverie et qu'il demanda à parler à madame la marquise, on le regarda et on l'écouta sans trop lui rire au nez, et on l'introduisit auprès de M. le majordome.

M. le majordome s'appelait Turpin et était un gros homme.

Il reçut Emile avec cette importance familière des subalternes qui ont du venter et des économies.

Il lui demanda ce qu'il savait faire. Au lieu de répondre : Tout, comme le bossu de Phrygie, Emile répondit : Rien. Le majordome n'en fut pas surpris.

Une grande partie de la domesticité du dix-huitième siècle n'aurait rien perdu à s'appeler l'Inutilité.

Et puisque aussi bien ce jeune homme se recommandait si hautement de madame la marquise, Turpin ne vit aucun mal à le placer dans l'antichambre en attendant de nouvelles instructions. Valet chez Grimod de la Ruynière. Emile fut donc installé valet chez madame de Perverie.

Il avait la livrée verte avec le galon d'argent, il eut la livrée amaranthe avec le galon d'or.

Parlons de lui, puisqu'il doit tenir la première place dans ce roman.

Il est des enfances heureuses et faciles, toutes couronnées de candeur et d'amour.

Le romancier qui les trouve sur son chemin s'arrête devant elles et se complaît dans leur peinture gracieuse, bouquet de lumière allumé sans effort sous sa palette, ronde de printemps peuplée de sourires, brouillard naissant éclairé de beaux regards, bleus et doux.

C'est un chapitre ravissant à écrire et que l'on écrit toujours, ne fût-ce que pour retarder le drame et jeter un rayon d'or sur les ténèbres sanglantes de l'action.

— Il est des enfances presque divines, soit qu'elles aient leur nid entre deux jolis bras de femme du monde ou qu'elles soient mangées et barbouillées de caresses par les mères du peuple. Le baiser tonnant de la mansarde vaut alors le baiser ouaté du salon.

Le même sourire s'éveille à la même heure sur les riches berceaux tapissés de dentelles et sur les humbles berceaux en osier.

C'est presque la même chanson, vague et somnolente comme les cendres du foyer, qui s'endort à tous les petits chevets blancs, et dont le refrain expire derrière les rideaux tirés.

Telle ne devait point être l'enfance d'Emile.

D'un monde de religieuses et d'infirmiers, il passa sans transition à un monde de laquais et de valets de chambre. A la tranquillité noire et pieuse de l'hospice, succéda l'agitation grossière de l'hôtel. Il connut les mœurs de ses compagnons brodés à l'épaule comme lui, et il s'effraya de leur bassesse animale et de leur immoralité narquoise ; il sut ce que valaient ces Lafleur de comédie, ces Martin et ces Lisette, avec lesquels il passa son temps à jouer aux cartes, ce qui est la grande occupation et le premier divertissement des gens de livrée.

On le roua de coups pendant les premières années jusqu'à ce qu'il se fût fait un poing à l'égal des plus robustes, apte à la riposte, et qu'il eût appris à casser les bouteilles sur la tête de ses semblables.

Alors on le laissa être ce qu'il voulait être, c'est-à-dire un enfant rêveur, farouche et solitaire.

Grimod de la Reynière croyait avoir

beaucoup fait pour lui en le retirant d'un hospice pour le mettre dans un office.

Il se trouvait généreux et il s'applaudissait volontiers de ce qu'il croyait être un beau trait.

Ses amis l'en avaient chaleureusement félicité.

Lorsqu'il entra chez lui, le petit Emile savait déjà lire et écrire; il ne lui fit rien enseigner de plus, afin de ne pas lui inspirer des sentiments propres à l'élever au-dessus de sa médiocrité.

A l'hospice, on lui eût mis un métier entre les mains: à l'office, on en fit un désœuvré.

On pouvait en faire pis.

Heureusement la nature était bonne chez notre héros.

Il avait le sens du juste et de l'injuste,

il voyait vrai, ce qui est un don rare et grand.

Mais nul n'était là pour diriger ses qualités et façonner son caractère ; il marchait en aveugle dans la vie, sans but, sans volonté, ayant de l'énergie et n'en sachant que faire, un cœur que personne ne revendiquait et qui lui dévorait sourdement la poitrine de ses flammes ignorées.

Peu lui importait de rester dans le peuple ou d'en sortir, il n'aimait pas plus les maîtres que les valets ; le spectacle de la richesse ne lui avait jamais causé d'insomnie, non pas que son imagination fût bornée, mais elle ne s'épuisait pas en désirs frivoles.

Jusqu'à présent il n'avait demandé à la société autre chose que l'impossible : une famille.

Il eût été trop simple pour lui de demander tout d'abord des choses qui se peuvent.

Même à tout prendre, il se trouvait plus à son aise dans les rangs obscurs du peuple, où il pouvait du moins cacher sa tête pleurante sans être vu.

Sa fougueuse incartade au souper de Grimod de la Reynière venait plutôt d'un instinct de révolte que d'une idée d'ambition ou d'envie.

FIN DU TOME DEUXIÈME.

Argenteuil. — Imprimerie de Worms et Cie.

# SUITE DES NOUVEAUTÉS EN LECTURE

## DANS TOUS LES CABINETS LITTÉRAIRES

**Zanetta la Chanteuse**, par Molé-Gentilhomme. 4 vol. in-8.
**Les deux Sœurs de Charité**, par Clémence Robert. 3 vol. in-8.
**Marthe**, par Madame la comtesse Dash. 2 vol. in-8.
**Le Vicomte de Chateaubrun**, par Gabriel Ferry. 2 vol. in-8.
**Le Page du Roi**, par le vicomte Ponson du Terrail. 4 vol. in-8.
**Les Mémoires d'un vieux Garçon** (Victoires et Conquêtes), par A. de Gondrecourt. 5 vol. in-8.
**Les Cavaliers de la Nuit**, par le vic. Ponson du Terrail. 4 vol.
**Les Paysans**, scènes de la vie de Campagne, par H. de Balzac. 5 vol.
**Les Damnés de Java**, par Méry. 3 vol. in-8.
**La Fille de Cromwell**, par Eugène de Mirecourt. 4 vol. in-8.
**Le Roi de la Barrière**, par Paul Féval. 4 vol. in-8.
**La Roche sanglante**, par Molé-Gentilhomme. 5 vol. in-8.
**Le Fou de la Bastide**, par Clémence Robert. 3 vol. in-8.
**Le Château des Fantômes**, par Xavier de Montépin. 5 vol. in-8.
**La Fée du Jardin**, par Madame la comtesse Dash. 3 vol. in-8.
**Le Capitaine Zamore**, par le marquis de Foudras et Constant Guéroult, auteur de *Roquevert l'Arquebusier*, etc., etc. 4 vol. in-8.
**Le Dragon de la Reine**, par Gabriel Ferry. 4 vol. in-8.
**Diane de Laucy**, par le vicomte Ponson du Terrail. 4 vol. in-8.
**Les Amours d'Espérance**, par Auguste Maquet. 5 vol. in-8.
**Les vautours de Paris**, par le marquis de Foudras et Constant Guéroult, auteur de *Roquevert l'Arquebusier*, etc., etc. 4 vol. in-8.
**Madame Pistache**, par Paul Féval. 2 vol. in-8.
**La Tombe-Issoire**, par Élie Berthet. 4 vol. in-8.
**Le Comte de Sallenauve**, par H. de Balzac. 5 vol. in-8.
**Les Amours de Vénus**, par Xavier de Montépin. 4 vol. in-8.
**La dernière Favorite**, par madame la comtesse Dash. 3 vol. in-8.
**Robert le Ressuscité**, par Molé-Gentilhomme. 4 vol. in-8.
**Les Tonnes d'Or**, par le vicomte Ponson du Terrail. 4 vol. in-8.
**Les Libertins**, par Eugène de Mirecourt. 2 vol. in-8.
**La Famille Beauvisage**, par H. de Balzac. 4 vol. in-8.
**Un Roué du Directoire**, par Eugène de Mirecourt. 2 vol. in-8.
**Le Député d'Arcis**, par H. de Balzac. 4 vol. in-8.
**Mercédès**, par madame la comtesse Dash. 3 vol. in-8.
**Blanche de Savenières**, par Molé-Gentilhomme. 4 vol. in-8.
**La Fille de l'Aveugle**, par Emmanuel Gonzalès. 3 vol. in-8.
**Le Château de la Renardière**, par Marie Aycard. 4 vol. in-8.
**Roch Farelli**, par Paul Féval. 2 vol. in-8.
**La comtesse Ulrique**, par le marquis de Foudras et Constant Guéroult, auteur de *Roquevert l'Arquebusier*, etc., etc. 4 vol. in-8.
**Les Catacombes de Paris**, par Élie Berthet. 4 vol. in-8.
**La Tour des Gerfauts**, par le vic. Ponson du Terrail. 5 v. in-8.

Pour la suite des Nouveautés, demander le Catalogue général qui se distribue gratis.

www.ingramcontent.com/pod-product-compliance
Lightning Source LLC
Chambersburg PA
CBHW050757170426
43202CB00013B/2461